처칠,
끝없
는
투쟁

처칠, 끝없는 투쟁

제바스티안 하프너 지음 | 안인희 옮김

2019년 8월 5일 초판 1쇄 발행
2019년 9월 9일 초판 2쇄 발행

펴낸이 한철희 | 펴낸곳 돌베개 | 등록 1979년 8월 25일 제406-2003-000018호
주소 (10881) 경기도 파주시 회동길 77-20 (문발동)
전화 (031) 955-5020 | 팩스 (031) 955-5050
홈페이지 www.dolbegae.co.kr | 전자우편 book@dolbegae.co.kr
블로그 imdol79.blog.me | 트위터 @Dolbegae79 | 페이스북 /dolbegae

주간 김수한 | 편집 권영민
표지 및 본문 디자인 김하얀
마케팅 심찬식·고운성 | 제작·관리 윤국중·이수민 | 인쇄·제본 상지사 P&B

ISBN 978-89-7199-964-6 (03990)

책값은 뒤표지에 있습니다.

이 도서의 국립중앙도서관 출판예정도서목록(CIP)은 서지정보유통지원시스템 홈페이지
(http://seoji.nl.go.kr)와 국가자료공동목록시스템(http://www.nl.go.kr/kolisnet)에서
이용하실 수 있습니다. (CIP제어번호: CIP2019019942)

제바스티안 하프너 지음 처칠, 끝없는 투쟁 안인희 옮김

돌베개

CHURCHILL

일러두기

- 본문 중 ( )로 묶은 것은 저자가, [ ]로 묶은 것은 역자가 붙인 부연 설명이나 주석이다. 본문 하단의 각주는 역주이다.
- 본문 중 25쪽 등에 사용한 구분되는 서체는 원서의 이탤릭체로 처칠의 글과 말에서 인용한 문장이다.

차례

CHURCHILL

CHURCHILL
CHURCHILL
CHURCHILL
CHURCHILL
CHURCHILL
CHURCHILL
CHURCHILL
CHURCHILL
CHURCHILL

1   아버지와 아들

'처치'Church는 교회, '힐'Hill은 언덕이라는 뜻이다. 그러니까 영어로 처칠이라는 이름은 독일말로 키르히베르크Kirchberg와 비슷하다. 이들은 시골귀족이었다. 17세기에서 18세기로 넘어갈 무렵 영국 서남부에서 처칠 일가는 가문 전체 또는 가문의 일부가 원래 시골귀족에서 고위귀족으로 올라섰다. 가문의 영특한 후손 한 사람이 이런 일을 해냈다. 1650년에 태어나 존 처칠John Churchill이라는 이름을 얻은 이 사람은, 처칠 가문에서 처음으로 말버러Marlborough 공작이 되어서 1722년에 죽었다. 셰익스피어가 쓴 왕들의 희곡에 나올 법한 인물이었으니, 곧 천재이자 궁정인, 외교관이자 대역죄인, 장군이자 정치가였다.

말버러는 생애 절정기에 저 잔혹한 유럽 동맹 전쟁의 심장이자 영혼이었다. 이를 통해 루이 14세가 패권을 얻는, 역사책에는 그저 무미건조하게 '에스파냐 왕위 계승 전쟁'이라고만 나오는 전쟁에서다. 이것은 거의 처칠 가문의 사건이라 부를 만하다. 말버러 공작 존 처칠이 동맹을 만들고 유지했으며, 또한 전쟁을 정치적으로, 그리고 — 오이겐 왕자*의 편에 서서 — 군사적으로도 주도했다. 그의 동생 조지는 영국 함대를 지휘했고, 또 다른 동생 찰스는 최고 지휘관의 한 명이었다. 그리고 상대편에서 가장 빛나는 장수이던, 프랑스 원수元帥 베릭Berwick 공작 제임스 피츠제임스James Fitzjames 또한 처칠 가문 출신이었다. 말버러 공작의 누이인 애러벨라 처칠Arabella Churchill 과 마지막 스튜어트 왕이던 제임스 2세 사이에 태어난 사생아였으니 말이다.

하지만 군사적 재능을 이렇듯 한꺼번에 폭발적으로 보여 준 다음 이 가문의 생명력은 한참 동안이나 탈진한 듯이 보였다. 이제 고위귀족이 된 처칠 일가는 영국을 장악하고 통치하는 수백 개 가문의 하나였다. 하지만 다음 150년 동안 영국 역사에는 처칠이라는 이름이 아예 언급되지 않는다. 1880년대에

■   Prinz Eugen von Savoyen(1663~1736). 사보이 태생이지만 합스부르크 왕가, 부르봉 왕가, 독일의 비텔스바흐 왕가, 바덴바덴 왕가 등과 가까운 친척인 유럽 고위귀족 출신. 합스부르크 왕가를 선택하여 역사상 가장 탁월한 군사 지도자 중 한 명이 되었다. 빈(Wien) 시내에 그의 궁전이 있다.

말버러 공작 존 처칠(1650~1722). 피터르 판 휜스트의 동판화.

이르러서야 다시 한 명의 처칠이 역사에 등장한다. 그것도 그 시대 사람들이 지치지 않고 표현한 것처럼 '혜성처럼' 등장했다. 바로 랜돌프 처칠 경Lord Randolph Churchill 으로서, 7대 말버러 공작의 세 번째 아들이며 윈스턴 처칠의 아버지였다.

혼란을 피하기 위해 말해 둘 게 있다. 영국의 귀족 관습은 유럽 대륙의 그것과는 다르다. 공작(또는 영주 또는 백작)의 맏아들만 작위를 물려받는다. 차남 이하의 아들들은 스스로 귀족 지위를 갖기는 해도 도로 원래 성을 쓰며, 정치가가 된다면 상원이 아닌 하원에 들어간다. 그러니까 사회적으로는 여전히 고위귀족이지만 법적으로는 이미 시민계급으로 여겨진다. 그 아들들은 아예 귀족 작위도 없는 시민계급이다. 그러면 말버러 공작의 아들 중 하나가 로드 랜돌프 처칠이라 불리고, 다시 그의 아들은 그냥 미스터Mr. 윈스턴 처칠이 되는 이유가 설명된다. 나중에 그가 나이 들어서 가터 기사단 훈장을 받아 개인적으로 도로 귀족 작위를 얻고 '써Sir 윈스턴 처칠'로 불리기 전까지는 말이다.

로드 랜돌프 이야기로 돌아가자. 그의 짧고도 빛나는, 그로테스크하고도 비극적인 이야기는 그 아들의 삶에 여러모로 그림자를 드리웠다. 그래서 윈스턴 처칠의 전기는 언제나 아버지 이야기로 시작하지 않을 수 없다.

랜돌프 경은 위대한 조상 말버러 공작과 한 가지 점에서 닮

왔다. 과격하게 적극적이고 천재적인 직관력을 지녔다는 점이다. 저 위대한 존 이후 그는 다시금 천재로 등장한 최초의 처칠이었다. 과도히 번성한 수많은 가족들 사이에서 데카당스와 더불어 등장한 천재였다. 1대 말버러 공작은 감추어진 깊은 정열과 나란히 극단적으로 자신을 통제하는 사람이었다. 매혹적으로 깍듯하고, 서늘한 매력을 지닌, 참을성이 있고 계산적이며, 거의 초인적인 끈기를 지닌 인물이었다. 그의 후손은 모든 점에서 이와는 반대였다. 절도 없고 불끈 화를 내며 내던지고, 예의 없다고 할 정도로 남에게 상처를 주고, 게다가 스스로도 몹시 쉽사리 상처를 입는 다정다감한 사람으로, 돈키호테 방식의 기사였다. 그러니까 무모하고 정신 나간 사람이었다. 사람들은 자주 경탄의 뜻을 담아 '정신 나간 놈'이라고 말하곤 했다. 하지만 일부 사람들은 더욱 진지한 의미에서 그렇게 말했다. 예를 들어 늙은 빅토리아 여왕은 그가 짧은 명성의 절정에 있을 때 악의를 품고 진지하게 그를 '정신병자'라고 불렀다. 실제로 그는 정신착란 상태에서 죽었다. 겨우 마흔다섯 살 때였다.

그야말로 '정신 나간' 사람이었다. 옥스퍼드 대학교 졸업시험을 빛나는 성적으로 통과한 다음 스물네 살에 그는 아무 일도 안 하면서 프랑스를 이리저리 떠돌며 하원이 해체되기만 기다렸다. 하원에 출마할 생각이었기 때문이다. 그러다가 그곳 프랑스에서 세기의 미녀 한 사람을 만났다. 아메리카 원주

랜돌프 처칠 경.

민의 피가 섞인 프랑스-스코틀랜드 혈통의 미국 여성 제니 제롬Jennie Jerome이었다. 48시간 만에 그는 그녀와 약혼했다. 그녀의 아버지는 뉴욕의 예리한 사업가로 백만장자였는데, 그 또한 벼락부자에 괴짜였다. 처칠 일가는 이런 의도된 약혼에 경악했다. 제니의 아버지도 마찬가지로 경악했다("이 미국인들은 악마처럼 자부심이 강하다"). 그런데도 반년 뒤에 두 연인은 파리의 영국 대사관 호적 사무소에 혼인 신고를 했다. 그리고 일곱 달이 지나 블레넘Blenheim 궁의 여자 의상실에서 그들의 맏아들이 태어났다. 블레넘궁은 위대한 말버러 공작이 옛날에 승전 기념비로 세운 왕궁 같은 성이었다. 제니는 임신 말기였는데도 그곳의 무도회에 가겠노라 고집했다. 춤을 추는 도중에 진통이 밀려왔다. 그녀는 무도회장을 빠져나와 '유럽에서 가장 긴 복도를 통과해' 자신의 침실로 가려고 했지만, 침실까지 못 가고 겨우 의상실에 도착했다. 그곳 벨벳 토시, 모피 외투, 가죽 모자 들 사이에서 그녀는 긴급 출산을 했다. 1874년 11월 30일, 이렇게 태어난 아들이 바로 윈스턴 처칠이다.

1년 반 뒤에 런던의 귀족 세계에서 고약한 사건이 벌어졌는데, 그 중심에 랜돌프 경이 있었다. 이미 결혼한 고위귀족 여성이 먼저 웨일스 공, 즉 왕세자(뒷날의 에드워드 7세)의 애인이었다가 이어서 랜돌프 경의 형의 애인이 되었는데, 그 여성이 관련된 문제였다. 깊은 모욕감을 느낀 왕세자는 기율과

도덕의 옹호자로 돌변해서, 그 여성과 미래 공작[랜돌프의 형]
이 각기 이혼하고 서로 재혼해야 한다고 고집했다. 그러자 랜
돌프 경은 격분해서 형의 편을 들어 이 시합장으로 뛰어들었
다. 그는 이런 이혼 소송이 벌어지면, 그 과정에서 필연적으
로 "국왕 전하의 펜과 기억력에서 벗어나 있는" 특정한 편지
들[즉 왕세자와 그 여성이 주고받은 편지들]이 만천하에 드러나게
될 것이라고 사교계에서 선언했다.

그러자 왕세자는 그에게 결투를 신청했다. 랜돌프 경은 왕
세자가 지정하는 그 어떤 대리인과도 싸우겠지만, 미래의 군
주에 맞서 무기를 쳐들 수는 없노라고 대꾸했다. 이번엔 왕세
자 왈, 처칠 일가를 받아들이는 그 어느 집에도 발을 들여놓지
않겠다. 결국 지혜로운 늙은 디즈레일리* 총리가 중간에 나섰
다. 늙은 말버러 공작을 설득해서 사건이 잠잠해질 때까지 저
말썽꾸러기 아들을 개인 비서로 데리고 아일랜드 총독으로 가
있으라고 한 것이다. 공작은 전에도 이미 이 명예직을 제안받
았으나, 총독직과 관련된 엄청난 경비 때문에 거절한 바가 있
었다. 이번에는 한숨을 내쉬면서 제안을 받아들였다. 그래서
처칠 일가는 광채에 둘러싸인 유배지로 떠나게 되었고, 덕분

■   Benjamin Disraeli(1804 ~ 1881). 보수당 당수와 총리를 지낸 정치가 겸
     소설가.

옥스퍼드셔 우드스톡의 블레넘궁.

에 아일랜드의 기억이 어린 윈스턴 처칠의 최초의 기억들이 되었다. 그러니까 저 끔찍한 신페인[■] 당원들, 퍼레이드와 암살의 기억들, 그리고 하필 그가 어린이 연극을 보려고 고대하던 순간에 불타 버린 극장에 대한 기억 같은 것들 말이다…….

하지만 랜돌프 경은 아일랜드에서 정치가가 되었다. 전에는 오늘날 흔히 '플레이보이'라 불리는 정도의 존재였다. 이제 아일랜드가 그의 정치 감각을 일깨웠다. 1879년 서른 살이 되어 런던으로 돌아와 하원의 자기 자리를 도로 차지했을 때, 그는 당시 영국의 어떤 정치인도 갖지 못한 것을 함께 가져왔다. 오늘날에 이르기까지 유럽의 모든 보수 정당들이 그 덕분에 목숨을 보존한 구상, 곧 '토리 민주주의'[■■]라는 구상이었다.

당시 피어나던 민주주의는 대부분의 사람들에게는 저 전통적인 귀족당인 보수당의 자연적인 소멸을 뜻하는 것으로 보였다. 1880년 영국의 보수당원들 사이에는 깊은 비관론이 지배했다. 늙은 마법사 디즈레일리는 물러났고, 위대한 자유당원

[■] Sinn Féin. 아일랜드의 완전한 독립을 주장한 급진적 정치 결사. 아일랜드 자유국을 건설하였으나, 뒤에 우익의 아일랜드 통일당과 좌익의 아일랜드 공화당으로 분리되었다.

[■■] Tory Democracy. 특권층의 이해에 초점을 맞추었던 보수당의 지평을 전체 국가와 국민으로 확장한 것으로 '일국 보수주의'로도 불린다.

글래드스턴***이 다시 총리가 되었다. 글래드스턴은 투표권을 점차 확대한다는 처방으로— 이제는 광부와 일용직 노동자까지 투표권을 갖게 되었으니, 맙소사! — 보수당원들, 즉 부자, 귀족, 특권층의 정당에 점점 더 타격을 입히고는 자유당원들, 곧 시민, 진보, 개혁 정당을 항구적인 여당으로 만들어 줄 것처럼 보였다. 광부와 일용직 노동자, 그리고 앞으로는 심지어 공장노동자까지, 이들이 대체 무엇 때문에 보수당에 표를 주겠는가? 그런 게 가능하다고 본 유일한 사람이 바로 저 정신 나간 랜돌프 처칠 경이었다.

하지만 이 상황에서 그는 정신이 나간 게 아니라 오히려 선견지명이 있었다. 오늘날에는 누구나 보지만 당시에는 아무도 보지 못한 면을 보았던 것이다. 즉 자유주의란 근본적으로 중산층 운동이며, 글래드스턴이 투표권을 준 못 배우고 방치된 프롤레타리아 대중은 실은 쉽사리, 자의식을 보이는 귀족 정당의 투표자로 만들 수 있다는 사실이었다. 귀족 나리들의 정당은 이들 대중에게 깊은 인상을 줄뿐더러, 또한 너무 잘난척하지만 않으면 선동을 통해 또 빈곤에 대한 진짜 이해심으로 그들을 회유하고 매수할 수가 있었다. 랜돌프 경의 정치적

***　William Ewart Gladstone(1809~1898). 자유당 당수로서 1868년 이후 네 차례 총리를 지냈다.

구상에는 나폴레옹 시대의 잔향殘響과 파시즘 전조들이 진짜배기 노블레스 오블리주와 결합되어 있었으니, 오늘날에도 그의 연설에서 진짜 목소리와 가짜 목소리를 구분하기란 쉽지가 않다. 그는 고급 선동가였다. 놀라운 점은 그가 동시에 깊이 꿰뚫어 보는 진짜 정치가였다는 사실이다. 심지어는 당시에 같은 문제에 봉착해서 그 어떤 해결책도 찾지 못하던 비스마르크보다도 더 깊이 꿰뚫어 보았다. 물론 영국에는 사회민주당[사민당]이 없기도 했지만.

짧게 말하자면 1880년부터 1886년까지, 즉 그의 나이 서른 살에서 서른여섯 살까지의 겨우 6년 만에 랜돌프 처칠 경은 보수당을 다시 집권당으로 만들고(앞으로 밝혀지게 되지만 20년이나 지속된다) 자신은 영국에서 가장 유명하고 인기 있고 가장 자주 만화에 등장하면서 가장 미움받는 정치가가 되었던 것이다.

가장 미움받는 사람. 이는 그가 영국에서 전례 없는 예리함과 사나움과 거친 재치를 동원해서 공격하고 박해하던 자유주의자들만이 아니라, 자기가 속한 당의 지도자들, 곧 견고하고도 오만한 가부장적인 귀족들에게서도 미움을 산 탓이었다. 그들은 저 정신 나간 랜돌프 처칠이 자기들의 당을 위해 고군분투하는 꼴을 가벼운 혐오감과 머리를 가로젓는 불쾌감으로 바라보았고, 그에 대해 처칠은 노골적인 경멸감으로 응수

했다.

없어서는 안 되는 사람이 되었던 처음에, 그는 거만한 태도로 사퇴하겠노라 위협하며 자기가 원하는 모든 것을 관철시키는 버릇을 들였다. 가장 강력한 보수주의자 두 사람, 곧 솔즈베리 경Lord Salisbury과 조카인 아서 밸푸어Arthur Balfour — 두 사람 모두 장래 총리들 — 는 1884년 초에 랜돌프 처칠에 대한 생각을 서신으로 주고받았다.

"우리가 랜돌프와의 온갖 싸움을 피해야 한다는 생각이 듭니다. 그가 스스로 어떤 불충한 행동을 통해 명백하게 부당한 일을 하기 전에는 말이죠."(밸푸어)

"랜돌프와 마흐디"가 지금 거의 비슷한 정도로 내 마음을 붙잡고 있네. 마흐디는 미친 짓을 하지만 실제로는 머릿속이 완전히 명료한데, 랜돌프는 정확히 그 반대라네."(솔즈베리 경)

그런데도 솔즈베리 경은 1886년에 오래 이어질 총리직에 취임하면서 자신이 이 직위를 차지하도록 도움을 준 저 정신 나간 자를 이인자, 곧 재무장관 겸 하원을 대표하는 장관이며 실질적인 부총리로 임명했다. 이것이 1886년 8월의 일이었다.

■　　Mahdi. 영국-이집트 정부의 수단(Sudan) 통치에 맞서 반란을 일으킨 무슬림 지도자 무함마드 아마드를 가리킨다. 반란은 1881~1899년에 지속되었다.

같은 해 12월 랜돌프 경은 모든 관직에서 물러나면서 정치적으로 사망했다. 이는 영국 정치사에 알려진 가장 갑작스럽고도 근본적이고 이유 없는 정치적 자살이었다. 영국의 정치가들은 오늘날까지도 머리를 가로저으며 이 사건을 두고 공포스러운 이야기들을 계속한다.

랜돌프 경의 사퇴 이유는 하찮은 것이었다. 국방장관과 군사 예산을 놓고 다툼이 있었는데, 이는 재무장관과 국방장관 사이에는 어디서나 늘 있는 일이다. 랜돌프 경은 이런 갈등을 참을성 있게 견디지 못할뿐더러 자신이 없어서는 안 되는 사람임을 알기에 언제나 사퇴 위협을 동원해서 유리한 결정을 이끌어 내곤 했다. 아마 이번에도 그렇게 하려고 했던 모양인데, 사퇴 선포가 갑자기 받아들여지자 자기도 깜짝 놀랐다.

그의 사퇴 상황은 몹시 기이했다. 그는 여왕을 알현한 뒤 왕궁인 윈저성에서 사퇴 청원서를 썼는데, 그것도 여왕의 편지지에 적었다(여왕은 그것을 결코 용서하지 않았다). 그는 손수 그것을 가지고 《타임스》지 편집부로 달려가서 따끈따끈한 이 소식이 다음 날 아침 신문에 실리게 만들었다. 그러면서 아내에게도 제대로 알리지 않았다. 그러고는 아침 식사를 하면서 아내에게 신문을 내밀었다. "당신에게 놀라운 소식이오."

어쩌면 나이 든 여성으로 냉철한 빅토리아 여왕이 옳았던 것인지도 모른다. 그녀는 그냥 이렇게 말했다. "그 사람 정신병자야." 어쩌면 정말로 몇 년 뒤에 분명하게 드러나서 겨우 마흔다섯 살인 그를 저세상으로 데려간 마비성 붕괴의 전조 증상이 여기서 유쾌한 모습으로 드러났던 것인지도 모른다. 하지만 이것만으로는 세상을 비웃고 함부로 내던지는 그의 몸짓이 지닌 그로테스크하고도 위대한 특성을 제대로 설명하지 못한다. 아니 오히려 깎아내린다. 그와 동시대 사람이던 니체가 얼추 비슷한 시기에 내놓은 『차라투스트라는 이렇게 말했다』가 다가오는 니체의 의학적 붕괴를 나타낸다고 말하는 것과 비슷하다. 어쩌면 질병이 천재성과 개성을 지닌 사람을 높이 들어 올려서 끔찍한 것, 더는 편치 않은 것으로 만들었는지도 모른다. 하지만 질병이 천재를 만들지는 않는다. 결국은 누가 병이 들었는가에 달려 있다.

세상을 내동댕이치던 사람이 세상을 잃었다. 위대한 몸짓과 더불어 모든 것이 끝나고 더 이상의 상승은 없었다. 랜돌프 경은 자신을 쓸모없는 존재로 만들었고, 영국에는 그에게 어울릴 만한 그 어떤 것도 남지 않았다. 그는 세계 여행을 떠났으나 지루해졌고, 많은 돈을 받고 별스럽지 않은 신문 기사를 쓰면서 전망도 없이 정치적 복귀를 시도했지만, 그래 봤자 이미 시작된 붕괴를 고통스럽게 노출시켰을 뿐이다. 랜돌프 처칠 경의 마지막 가엾은 몇 해를 차라리 장막으로 가리고 보지 말기로 하자.

빅토리아 여왕.

이 시기 그에게 삶의 위안이 준비되어 있었지만 그는 그것을 보지 못했다. 남들이 그의 붕괴를 속으로 기뻐하던 시기, 어깨를 으쓱하고는 고개를 돌리다가 마침내 ― 마지막 굴욕 ― 그를 향한 동정심까지 차츰 싹트던 이 시기에, 이 몰락한 사람은 빛나는 숭배자이자 추종자인 후배를 얻었으니 바로 젊은 아들 윈스턴이었다. 다만 그는 그것을 전혀 알아채지 못한 채 당연히 위안도 얻지 못했고 오히려 반대로 그의 눈에 이 아들은 재능 없고 희망도 없는 실패자로만 보였으니, 말년의 쓰라림을 더욱 키웠을 뿐이다. 자기가 경탄하고 숭배하는 아버지의 경멸은 다시 아들의 어린 시절에 몹시 해를 끼쳤다. 그렇지 않아도 우울한 시절이었다.

윈스턴 처칠은 뒷날 자신의 소년 시절과 청소년 시절 ― 일곱 살에서 열아홉 살까지 ― 에 대해 이렇게 썼다.

돌이켜 보면 이 시절은 내 삶에서 가장 기쁨이 없던 시기였을 뿐만 아니라 가장 쓸쓸하고 결실 없는 시기이기도 했다. 나는 놀이를 좋아하는 아이였고, 어른이 된 뒤로는 해마다 점점 더 행복해지는 느낌이었다. 하지만 그 중간에 놓인 학창 시절은 내 삶의 지도에서 탁한 잿빛 오점이다. 그것은 당시 전혀 하찮지 않던 고통스런 체험들과, 아무 결실도 내지 못하던 기쁨 없는 노력들이 만들어 낸

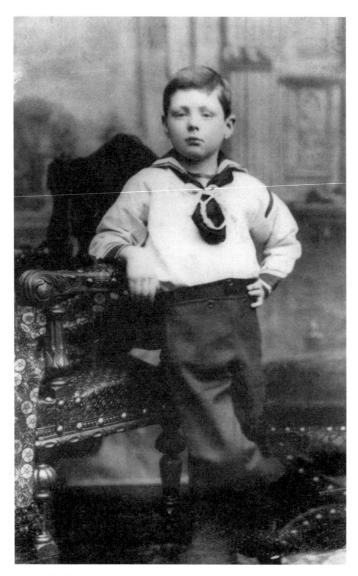

여섯 살의 처칠.

결과였다. 불쾌감과 강요, 단조로움과 무의미의 시간이었다.

그가 보지 못한 것, 하지만 멀리 떨어진 관찰자는 분명하게 알아볼 수 있는 것은 이것이 투쟁의 시기였다는 것, 평생 투쟁이 부족하지 않은 삶에서도 가장 힘든 시기였다는 사실이다. 전망이 전혀 없고 절대 이길 수도 없는, 그렇다고 그가 포기하지도 않은 싸움의 시절이었다. 소년 처칠은 자기가 종속되어 있던, 압도하는 초강력 교육기계에 종속되기를 거부했다. 그는 거기 저항했고, 그 결과 가장 끔찍한 방식으로 형벌을 받았다. 또한 길고 비싼 교육의 혜택을 전혀 입지 못했다. 끔찍한 압력에도 부서지지 않고 항거하면서 견디는 법을 잔인하도록 일찌감치 배웠다는 점을 혜택이라고 부르지 않는다면 말이다. 영국에서 흔히 하는 말에 이런 게 있다. "영국인은 자식들에게 젖을 먹이지 않는다." 흔히 "영국인은"이라고 시작하는 많은 말이 그렇듯이, 이는 영국 상류층에만 맞는 말이고 오늘날에도 그렇다. 그러니 이런 귀족 계층이 죄악의 절정에 있던, 그리고 아기 윈스턴 처칠이 그 한가운데로 태어난 시기에는 오늘날보다도 훨씬 더 많이 맞는 말이었다.

영국 상류층은 가족생활을 위한 시간이 없었다. 아이는 어른이 되어서야 부모를 만나고 알게 된다. 태어나서 1개월 만에 아기는 유모의 손에 맡겨지고, 유모가 앞으로 어머니 노릇을 대신한다. (이런 유모인 에버리스트 부인Mrs. Everest을 어린 윈스턴 처칠은 진심으로 사랑했다. 나중에 그녀가 끈 달린 작은 모자를 쓰고 퍼블릭스쿨로 찾아왔을 때 그는 전 학급이 보는 앞에서 그녀를 포옹했다. 이는 극히 대담한 행동이었다. 그녀가 죽었을 때 스무 살의 기병 소위는 그녀의 곁을 지켰고, 사람들은 장례식에서 그가 우는 모습을 보았다. 2차 세계대전 시기에 총리는 자기 집무실 벽에 그녀의 초상화를 걸어 두었다.) 네다섯 살에 여자 가정교사도 합류해서 첫 수업을 시작했다. 일곱 살에 일종의 예비학교인 기숙학교에 들어갔다. 열세 살에 두 번째 기숙학교인 퍼블릭스쿨에 들어갔다. 이 두 기관은 모두 매질 지옥, 동료애 천국이었다. 이 학교들은 의도적으로 기숙 학생들을 무너뜨려 완전히 새롭게 재조립하는 것을 목표로 삼았다. 이 유명한 영국 학교를 졸업한 학생들이 열여덟이나 열아홉 살에 옥스퍼드나 케임브리지 대학에 진학하면, 그들은 모두 이미 규격화된, 매력이 없지 않은, 물론 인공적인 제2의 개성을 지니게 되는데, 이는 프랑스 바로크 정원에서 볼 수 있는, 짧게 자른 뭉툭한 나무들에 견줄 만한 것이다. 스물한 살이나 스물두 살에 삶으로 나아가는데, 상황이 좋을 경우 부모와 제대로 알게 되고, 세상의 감탄을 받고, 아주 특별한 방식으로 세상을 경멸하면서 각자의 재능에 따라 세상을 지배할 훈련이 끝나 있게 된다.

이런 교육 체계는 오랜 시험을 거친 것으로 실패하는 경우가 드물다. 이곳의 강요는 강력하고도 두렵고, 그 연상聯想의 힘은 거의 저항할 수 없는 것이다. 학생 한두 명 정도가 거기서 실패하지만 대부분은 그 가혹함을 견디고 어느 정도 자발적으로, 어느 정도 완벽하게 그런 체계에 의해 형성되고 그 형태를 지니게 된다. 뒷날 그들은 자기들의 학창 시절을 되돌아보며 생애 가장 아름다운 시절이었다고 기억한다.

어째서 어린 처칠은 여기 저항하고, 어째서 거의 저항할 수 없는 강요에 맞서서 전망이 없는 싸움을 시작했던가? '그냥 그게 강요였으니까'라고 대답하는 수밖에 없다. 그는 뒷날 이렇게 쓴다.

선생님들은 광범위하게 강요 수단을 이용했지만 그 모든 것이 내게서는 도로 튀어 나갔다. 나의 관심, 지성, 또는 나의 상상력을 불러내지 못하는 곳에서 나는 배우고 싶지 않았고, 배울 수도 없었다. 12년 동안의 학창 시절 전체에 걸쳐서 그 누구도 내게 그 어떤 올바른 라틴어 문장도 쓸 수 있게 가르치지 못했다. 라틴어에 대해 나는 아마도 이성을 닫아걸어 버리는 타고난 선입견을 지녔다.

어머니, 동생(왼쪽)과 함께.

어째서 하필 라틴어가 문제였을까? 처칠의 끔찍한 학창 시절에 대해서는 많은 것을 그저 짐작만 해야 하지만, 이 부분만큼은 라틴어에 대해 영원히 그의 '이성을 닫아걸어 버린' 원체험을 그 자신의 서술에서 알 수가 있다. 이것은 그의 학교 생활의 첫 체험이기도 했다. 일곱 살이 되자 어머니는 애스컷Ascot에 있는 귀족학교 세인트 제임스 기숙학교로 그를 데려갔는데, 그는 앞으로 거기서 살아야 했다.

어머니를 싣고 떠난 마차의 바퀴 소리가 차츰 잦아들 무렵 교장이 내게 가진 돈을 모조리 건네라고 요구했다. 나는 은화 세 개를 끄집어냈다. 그 금액은 규칙대로 장부에 기재되었다……. 그런 다음 우리는 건물의 쾌적한 공간에 있던 교장실을 벗어나 얼음장 같은 학생 기숙사 겸 교실 쪽으로 갔다. 나는 어떤 교실로 안내되어 기울어진 책상 앞에 앉아야 했다. 다른 학생들은 모두 밖에 있고, 나 혼자만 담임 선생님과 함께 교실 안에 있었다. 선생님은 푸른색과 갈색 겉장이 붙은 얇은 책을 꺼냈는데, 여러 인쇄체로 된 낱말들이 가득한 책이었다.

"아직 라틴어는 배우지 못했지, 안 그런가?" 선생님이 말했다.

"못 배웠어요."

열다섯 살의 처칠, 1889년.

"이것은 라틴어 문법책이다." 선생님은 몹시 낡은 장을 펼치더니 두 줄로 나란히 늘어선 낱말들을 가리켰다. "이 게 네가 익혀야 할 부분이다." 하고 그가 말했다. "반 시 간 뒤에 돌아와서 한번 물어보겠다."

그렇게 해서 나는 울적한 오후에 가슴에 슬픔을 지닌 채 울적한 교실에 앉아 최초의 명사변화를 눈앞에 보았다.

mensa	책상은
mensa	오, 책상이여
mensam	책상을
mensae	책상의
mensae	책상에게
mensa	책상으로 또는 책상을 가지고

세상에나 이게 대체 무슨 소리람? 이게 대체 무슨 뜻이 지? 내게는 그냥 순전히 헛소리로만 보였다. 하지만 적 어도 한 가지는 할 수 있었다. 외우는 일이다. 그래서 나 는 내면의 고통이 허용하는 한에서 이 수수께끼 같은 숙 제를 시작했다.

"그래 잘 익혔느냐?" 선생님이 물었다.

"외울 순 있을 것 같아요." 나는 외운 것을 토해 냈다.

그는 만족한 듯했고, 덕분에 나는 물어볼 용기가 생겼다.

"이게 대체 무슨 뜻인가요, 선생님?"

"네 앞에 있는 그것, 책상이 멘사다. 멘사는 제1 명사변화를 하는 명사야. 다섯 가지 격이 있지. 너는 제1 명사변화의 단수형을 배운 거다."

"하지만 이게 대체 무슨 뜻이냐고요?" 내가 되풀이했다.

"멘사는 책상이라니까."라는 게 답변이었다.

"그렇다면 어째서 멘사는 '오, 책상이여'라는 말도 되지요?" 내가 계속 물었다. "그리고 '오, 책상이여'라는 건 무슨 뜻인가요?"

"멘사, '오, 책상이여'는 호격呼格이란다."

"하지만 어째서 '오, 책상이여'죠?" 타고난 나의 호기심이 나를 놓아주지 않았다.

"책상에게 말을 걸거나 책상을 부를 때 '오, 책상이여'라는 말을 쓰는 거지."

그러면서 선생님은 내가 자기 말을 따르지 않는다는 것을 알아챘다. "그러니까 네가 책상과 이야기하려고 하면 그 말을 써야 한다."

"하지만 나는 한 번도 그러지 않는데요." 진짜로 놀라서 이런 말이 튀어나왔다.

"여기서 그렇게 건방지게 굴다간 벌을 받을 거다. 그것도 아주 호되게 말이야." 이것이 그의 마지막 답변이었다.

처칠의 설명은 계속된다.

담임 선생님의 형벌 암시는 너무나도 잘 실현되었다. 세인트 제임스 스쿨에서는 이튼 스쿨의 방식에 따라 자작나무 회초리 매질이 특별한 가치를 지녔다. 하지만 나는 이튼 스쿨의 그 어떤 학생도 그리고 분명 해로Harrow 스쿨의 그 누구도, 교장 선생님이 자신의 보호와 폭력에 맡겨진 어린이에게 허용한 것 같은 그런 끔찍한 매질을 당하지는 않았으리라고 확신한다. 여기서 어린이를 다룰 때의 가혹함은 국가 교정 시설에서 허용된 모든 것을 능가했다. 나는 뒷날의 독서를 통해 비로소 그런 잔인함의 배경이 무엇인지 깨달았다.

처칠은 당시 일곱 살이었다. 세인트 제임스 스쿨에는 2년 동안 머물렀다. 그는 아무것도 배우지 못한 채 거듭거듭 잔인하게 매를 맞았다. 그래도 여전히 배우지 않았고, 어느 날 항의의 뜻으로 교장의 밀짚모자를 밟았다(어떤 결과가 따랐을지 상상할 수 있다). 그는 속삭이고 말을 더듬기 시작했다. 그가 방학 때 집으로 돌아와도 부모는 아무것도 알아채지 못하고 그를 도로 지옥으로 돌려보냈다. 2년 동안이나. 그런 다음 마침내 건강이 무너졌다. 채 아홉 살도 되기 전이었다. 부모는 놀라서 그를 다른 학교에 보냈다. 좋은 공기를 위해 바닷가에 있는 브라이턴 스쿨이었다.

브라이턴 스쿨은 약간 덜 귀족적이고 조금 더 온화했지만 동일한 형태였고, 어떻게든 손상이 행해졌다. 어린 처칠은 브라이턴에서도 아무것도 배우지 못했고 뒷날 해로 스쿨에서도 마찬가지였다. 해로 스쿨은 원래는 그를 받아들여서는 안 되었을 것이다. 입학시험에서 라틴어와 수학을 백지로 제출했기 때문이다. 하지만 교장은 저 유명한 랜돌프 처칠 경의 아들에게 입학을 거절하는 것이 별로 좋지 않다고 생각했다. 어린 처칠은 해로 스쿨에서 영원한 낙제생이었다. 오직 영어만 우수했고, 나머지 모든 과목에 대해 '이성을 닫아' 걸었다. 학교 스포츠에서도 반항적인 실패자였으니 크리켓과 축구도 라틴어나 수학과 마찬가지였다. 게다가 그 어떤 우정도 맺지 않았다. 그가 학교에 대해, 학교의 강요와 방식에 대해 마음을 닫고 내면의 파업을 하고 있었음이 분명하다. 그는 막연히 결심한 채 이 모든 것을 12년 동안이나 견뎠다. 비싼 학교는 그에게 모조리 허사였고 학비만 들었다. 그는 기율을 얻지 못하고 목표대로 형성되지도 않은 채 교육도 교양도 없이 학교를 떠났다. 같

은 학급의 영국인들, 아니 전체 영국인들 사이에서, 그가 해로
스쿨에서 교육을 받았음에도 불구하고 진정한 영국 퍼블릭스
쿨 교육의 산물이 아니라는 사실이 나중에도 그를 평생 어느
정도 이방인으로 만들었다. 그는 언더스테이트먼트* 또는 오
만한 겸손을 보이는 사람이 아니었고, 크리켓 경기도 못하고,
매끈한 '젠틀맨'도 아니었다. 그보다는 오히려 아직 퍼블릭스
쿨을 모르던 시절 셰익스피어의 영국에서 나온 인물이었다.
뒷날 열렬히 독학을 하고 문학과 전쟁사 영역에서 막강한 자
신만의 업적을 세웠음에도 불구하고, 그에게는 전통적인 의미
의 단단한 교양이 끝까지 결핍되었다.

아버지를 제대로 알지 못했다는 것은 그의 어린 시절 두 번
째 트라우마였다. 그는 아버지의 출세와 몰락을 열렬한 관심
으로 추적했다. 자신의 아버지인 그 유명한 남자에 대한 말들
을 매일 《타임스》에서 집어삼키듯 읽었고, 《펀치》*Punch*에 실린
수많은 캐리커처들을 그 어떤 교과서보다도 열심히 교실에서
탐구했다. 그는 나중에 이렇게 썼다.

정말로 내게는 아버지가 삶에서 가치 있는 모든 것, 또는

■   understatement. 영국에서 대개 지적이거나 상류층인 사람이 현실을 잘
    알고 있으면서도 겸손한 태도로 자신을 낮추어 말하는 것. 여기서는 '오
    만한 겸손'이라고 번역되었다.

거의 모든 것을 위한 열쇠를 가진 듯이 생각되었다. 하지만 동료 방식으로 접근하려는 나의 극히 작은 시도에도 즉시 아버지는 곧바로 모욕받은 반응을 보였다. 한번은 아버지의 서신 왕래를 위해 개인 비서 역할을 해서 도움을 드리겠노라고 제안했더니, 아버지는 나를 얼음장처럼 굳어 버리게 만들었다.

아버지와의 단 한 번 진심 어린 대화를 아들은 평생 소중한 기억으로 간직했다. 그마저도 정원에서 토끼를 총으로 쏜 아들을 아버지가 호되게 야단치다가 시작된 대화였다. 당시 윈스턴은 이미 열여덟 살의 나이로 샌드허스트 육군 사관학교의 장교 후보생이었고, 랜돌프 경은 이미 자신의 그림자에 지나지 않았다. 아들에게 호통을 치고 나서 아버지는 아들의 낙담한 꼴을 보고는 그게 마음에 걸려서 사과를 했다. "나이 든 사람들은 젊은이들을 항상 제대로 이해하지는 못한다. 자신의 일로 너무 바쁘고 그래서 뜻밖의 방해에도 쉽사리 화를 낸다고 아버지는 말했다." 그러고는 친절한 태도로, 하지만 마치 멀리 떨어진 곳에 있는 것처럼 아들의 근황을 물었고 곧 시작될 군대 생활에 대해 질문하고는 자고새 사냥을 약속했다. "그리고 아버지는 마지막으로 이렇게 말했다. '내가 평생 많은 일에서 실패했다는 걸 늘 생각해라. 내 모든 행동은 오해를 받고 내 입안

샌드허스트 사관생도 시절의 처칠(왼쪽)과 두 동료, 1894년.

의 말은 모조리 뒤집어졌단다⋯⋯. 그러니 나를 너그럽게 보아 다오.'" 그게 전부였다. 숭배자인 아들에게 그런 말은 너무나 특이한 행운이어서 그는 30년 뒤에도 여전히 그 말을 그대로 기억했다.

오해를 통해 이루어진 또 다른 행운이 ― 광범위한 결과를 불러온 ― 있었는데, 그것은 그보다 3년 전의 일이었다. 아버지가 방학 때 열다섯 살 된 소년의 방으로 들어와서 그가 동생과 함께 잔인한 주석 병정 싸움을 벌이는 것을 보았다(그는 주석 병정 1개 사단 전체를 가졌고 언제나 그것으로 열성적으로 매우 정확하게 놀이를 했다). 마지막에 랜돌프 경은 아들에게 군인이 되고 싶으냐고 물었다. 아들은 그렇듯 많은 관심과 이해에 열광했다. 그의 답변은 열렬한 "예"였다. 그리고 이 답변이 윈스턴 처칠의 생애 다음 기간을 결정했다. 랜돌프 경은 아들이 나머지 모든 일에 재능이 없다는, 체념 어린 확신에 도달했던 것이다. 군대가 그에게 남겨진 유일한 길이었다.

그것을 놓고도 우울한 노여움이 생겨났다. 윈스턴은 사관생도 입학시험에서 두 번이나 낙방했고, 세 번째에도 나쁜 점수를 받아 겨우 기병 자격으로 합격했다. (기병은 보병보다 멍청해도 상관이 없었다. 말이 비싸기 때문에 그들은 돈이 더 많아야 했다.) 랜돌프 경은 이미 유명한 보병 연대장 한 명에게 아들의 자리를 만들어 달라고 편지를 써 보낸 상태였다. 이제 그는 부끄럽게도 취소하는 편지를 보내야 했다. 말도 비싸고, 처칠 일가는 부자가 아니었다. 그러니까 그들은 부자이긴 했지만, 부자치고는 자산도 없이 빚을 많이 져서 가난했던 것이다. 랜돌프 경은 아들에게 엄격한 편지를 써 보냈다. 계속 그렇게 나가다간 결국 실패자로 끝날 것이라 했다.

그는 심지어 나중에도 어떻게든 아들을 보병 연대로 바꾸어 보려고 시도했지만 그러다가 관심을 잃어버렸다. 그것은 그의 생애 마지막 시기였다. 아버지는 낯선 수염을 길러 얼굴이 초췌했고, 정신은 불안정했다. 마지막으로 아들과 이야기할 때는, 레이디 처칠이 아들에게 일일이 설명해 주어야 했다. 그러면 아버지는 고개를 끄떡였고 모든 것에 만족한 듯했다. 그런 다음 상냥한 태도로 아들에게 물었다. "네 말을 갖고 있느냐?" 그렇다는 답변에 그는 야윈 손으로 아들의 무릎을 가볍게 쳤다. 아들은 이런 마지막 친절한 몸짓도 평생 보물처럼 간직했다.

CHURCHILL

2 젊은 시절의 처칠

스무 살에도 젊은 윈스턴 처칠은 여전히 고등학교 졸업시험도 통과하지 못한 희망 없는 낙제생이었다. 다 자랐으나 쓸모 없는 귀족 자제, 가문의 수치이며, 죽어 가는 아버지 눈에 '무능력자'일 뿐이었다. 하지만 다음 5년 동안 런던의 정계는 해마다 점점 더 많이 그의 이야기를 하게 된다. 귀담아듣고, 재미있어하고, 호기심에 차서, 이따금은 벌써 기대감에 차서 말이다. 그가 스물다섯 살이 되자 영국 전체가 그의 이야기를 했다. 그는 국민 영웅이 되었던 것이다.

이 5년은 그의 생애 가장 행운에 넘친 시기였다. 훨씬 뒷날 그는 당시 "마치 알라딘의 기적의 동굴처럼" 세계가 자신 앞에 열렸다고 썼다. "스물에서 스물다섯 살까지의 기간에 말이다!"

그는 이제 기병 소위로서 직업 장교였다. 유럽에는 아직 깊은 평화가 지배한 기간이었는데도, 그는 모험적 기상으로 다섯 군데 전투에 참전했다. 쿠바, 인도 두 번, 수단, 그리고 마지막으로 엄청난 주목을 받고 광범위한 결과를 불러온 남아프리카의 전투였다.

거의 눈이 의심될 정도다. 반항적이고 실패한, 숨 막히는 불운에 끌려다니던 청소년기에 이어 이런 불타는 열정이라니. 갑자기 전혀 다른 인간이 무대에 등장한 것만 같다. 대체 이런 변화는 어디서 온 것인가?

젊은 시절에 대한 처칠의 회고에서 열쇠가 되는 문장이 나온다. "이제부터 나는 내 이야기의 주인공이었다." 길들일 수 없는 그를 길들이려는 시도가 갑자기 사라졌다. 학교도, 사관생도 생활도, 위압적인 아버지도 없었다. 랜돌프 처칠 경의 죽음은 희망 없고 수치스런 위대한 사랑[아버지를 향한]의 종말을 뜻했다. 이 죽음과 함께 나타난 우울하면서도 깊은 해방감은 젊은 윈스턴 처칠이 꽉 눌려 있다가 스물한 살의 나이에 갑자기 풀려난 깃털처럼 앞으로 날아오른 것에 대한 한 가지 설명이 된다.

또 다른 설명은 그가 거의 우연히 곧바로 자신이 가장 좋아하는 직종인 전쟁으로 뛰어들었다는 사실이다.

처칠을 단순히 정치가로만 보면, 그러니까 전쟁을 지휘하지 않을 수 없다는 것마저 좋아한 정치가 유형으로만 보면 처칠이라는 특수한 현상을 절대로 이해하지 못한다. 예컨대 허

기병 소위 처칠.

버트 애스퀴스Herbert Asquith나 데이비드 로이드 조지David Lloyd George, 우드로 윌슨Woodrow Wilson이나 프랭클린 루스벨트Franklin Roosevelt가 그런 사람들이다. 처칠은 전쟁에서도 어떻게든 자신을 보존한 정치가 계열에 들어가지 않는다. 그는 전쟁을 수행하려면 정치도 필요하다는 사실을 이해한 전사戰士였다. 20세기의 영국 총리들, 곧 애스퀴스, 로이드 조지, 스탠리 볼드윈Stanley Baldwin, 네빌 체임벌린Neville Chamberlain, 클레멘트 애틀리Clement Attlee 등의 대열에 그는 마치 다른 세계에서 온 이방인처럼 합류한다. 그렇다고 자기 시대의 위대한 직업군인 대열에도 속하지 않는다. 페르디낭 포슈Ferdinand Foch, 에리히 루덴도르프Erich Ludendorff, 조지 마셜George Marshall, 버나드 몽고메리Bernard Montgomery, 게오르기 주코프Georgii Zhukov, 에리히 폰 만슈타인Erich von Manstein 등 말이다. 처칠을 올바른 자리에 위치시키려고 한다면 전혀 다른, 더 오래된 이름들을 생각해야 한다. 구스타브 아돌프Gustav Adolf, 올리버 크롬웰Oliver Cromwell, 오이겐 왕자, 프리드리히 대왕, 나폴레옹 등이다. 그리고 자신의 조상인 말버러 공작도 이 계열인데, 그의 정신이 후손인 처칠에게서 다시 나타났던 것이다.

이 사람들은 모두 전략가이자 정치가이며 외교관이었다. 하지만 그들은 모두 오직 전쟁에서 그리고 전쟁을 통해서만 정상에 올랐고, 나폴레옹이 자신에 대해서 말한 것처럼 '전쟁을 위해 태어난' 사람들이었다. 그들은 전쟁의 모든 양상을 본능적으로 이해했다. 전략적 측면, 정치적 측면, 외교적 측면, 사기와 심리적 측면 등을 말이다. 그리고 보통 사람들에게는 이해하기 어려운 방식으로 극단적인 전쟁의 현실, 곧 포연과 생명의 위협, 치명적인 육탄전까지도 사랑했다. 전쟁 전체를 조망하고 계획하기, 그리고 출정, 전투, 그런 다음 가장 결정적인 지점에서 스스로 전투에 뛰어들어 기적의 효과를 내는 것. 이들 전쟁 천재들은 이런 일에서 자기 충족과 지상의 다른 어떤 것에도 견줄 수 없는 행복감을 느꼈다. 처칠은 이런 종류의 사람이었다.

젊은 기병 소위 처칠은 아마 스스로도 아직은 그 사실을 알지 못했을 것이다. 자신의 내면에 살면서 발전과 실현을 고대하며 돌진하던 전략적 천재성을 아마도 [1차 세계대전이 시작된] 1914년에야 완전히 깨달았을 것이다. 그가 군인으로서 전쟁의 앞마당에 뛰어들자마자 곧바로 깨닫고 큰 행복감을 느낀 것은, 자기가 지닌 전쟁 친화성과 타고난 전쟁 이해력, 자신의 본질을 꿰뚫고 지나가면서 팽팽히 긴장시키는 전쟁이라는 직업에 대한 열광이었다. 전에는 뭍에 있던 물고기 같다가 이제는 갑자기 물에 들어온 물고기처럼 느꼈다. 기숙학교의 기율을 사나운 거부감으로 미워했었지만 그런 만큼 그는 훨씬 더 가혹한 군대의 기율을 사랑했다.

달리는 기병 소대가 내는 절거덕 소리와 번쩍임에는 아주 독특한 마력이 있다. 질주는 즐거움을 더욱 자극한다. 말들의 거친 숨소리, 안장의 삐걱거림, 깃털 장식의 흔들림, 동작의 황홀감, 살아 있는 이동 기계의 일부라는 느낌—기병 생활은 아름답다!

갑자기 그는 동료들 사이에서 편안함을 느꼈다. 동급생들과 비슷하지 않았던 것처럼 실은 그들과도 비슷하지 않았건만. 나머지 동료들은 한결같이 기병 장교에 어울리게 부유하고 잘 교육받은, 약간 멍청한 사람들이었다. 그에 반해 처칠은 거의 가난하고 제대로 교육도 받지 못했으나 지적인 사람이었다.

지적인 사람! 이제 공부하라는 강요가 사라지자 갑자기 공부 열기가 그를 사로잡았기 때문이다. 인도의 주둔지에서 맞는 길고 긴 무더운 나날들, 그는 마치 신들린 사람처럼 온갖 책을 읽어 댔다. 플라톤과 다윈, 쇼펜하우어와 맬서스, 무엇보다도 영국의 고전 역사가들, 기번Gibbon과 매콜리Macaulay 등을 읽었고, 이들은 그의 문체에 영향을 남겼다. 그러고는 곧바로 스스로도 글을 쓰기 시작했다.

훈련, 독서, 글쓰기, 세계지도를 보면서 어디선가 일어나는 국지전 발생 지역 찾아내기, 그리고 간계와 권세를 모조리 동원하여 그런 전방에서 한자리 얻어 내기—하지만 폴로 경기에도 참가하기. 폴로 경기는 당시 봉건적인 연대에서 영국 기병 장교 생활의 진짜 핵심이었는데, 처칠 소위는 폴로 스타였다. 팔이 부러져서 붕대를 감고도 그는 인도 주둔 기병 연대들 사이에서 벌어진 마지막 경기에서 탁월한 경기력을 발휘해 자기 연대가 우승컵을 받는 데 일조했다. 줄여 말하자면 그는 행복했다. 게다가 행운까지 그의 온갖 생명 에너지를 해방시켜 주었다. 이제 드러나겠지만 그는 이중의 생명 에너지를 받은 사람이었다. 분명 미국인 모험가의 딸이자 아메리카 원주민 여성의 증손녀이기도 한 어머니에게서 물려받은 에너지였다.

이 어머니가 이제 그의 삶에 등장했다. 전에 어머니는 거의 신격화된, 접근 불가능한 아버지 곁에서 거의 아무런 역할도 하지 못했고, 후에도 배경으로 도로 사라져 버렸다. 그녀는 단순히 특별히 아름다운 여인이었던 것만은 아니다. 1890년대에 사십대의 나이로도, 바트 키싱엔 요양지 산책로에서 당시 파파 할아버지이던 비스마르크에게서 이미 잊은 지 오래인, 여성에 대한 정중함을 이끌어 냈으니 말이다. 그녀는 또한 특이하게 생명력이 넘치는 여성으로서 랜돌프 경이 죽은 뒤 두 번이나 더 결혼했는데, 마지막 결혼은 64세 때였다. 하지만 그것은 아직 먼 뒷날의 일이다. 지금 1895년부터 1900년까지의 이 기간에 그녀는 갑자기 희망이 넘치는 아들에 대한 관심이 커져서 후원자가 되었다. 그에게 돈을 보내고, 그와 함께 계획들을 세우고, 런던 상류층에서 맺고 있던 다양한 인맥을 동원해 도와주었다.

우리는 어머니와 아들보다는 오히려 마치 오누이처럼 대등한 위치에서 손에 손을 잡고 합심했다.

그렇다면 어머니는 무엇을 위해 자신의 인맥을 동원했던가? 바로 윈스턴이 어디든 '무언가가 일어나는' 곳, 곧 전쟁터로 갈 수 있게 해 주기 위해서였다. 그곳에 갈 수 있도록 그가 매번 자신의 군대에서 휴가를 받고 그때마다 원정군에 합류할 수 있게 해 주는 일이었다. 잉여의 장교나 부관, 또는 종군 기자, 또는 무엇이 되었든 말이다. 처음에는 쉬웠지만 두 번째는 힘들었고, 네 번째는 이미 그 자체가 모험이었다. 하지만 어머니와 아들은 매번 그 일을 해냈다. 네 번째는 허레이쇼 허버트 키치너Horatio Herbert Kitchener가 이끄는 1897년의 수단 원정군이었는데, 덕분에 처칠은 수단의 옴두르만Omdurman 전투에서 영국 전쟁사 최후의 대규모 기병 공격에 참가했다. 이 마지막 경우는 영국의 전쟁장관과 총리의 힘까지 동원해야만 했다. 키치너 장군이 젊은 처칠을 도무지 받아들이려 하지 않았기 때문이다. 이 젊은이는 이미 너무 눈에 띄는 사람이었다. 계속 어디든 끼어든다는 것만이 아니라, 그보다는 군대 경험을 하고 나면 번번이 내놓는 너무나 시끄러운 공개 비판들 때문이었다.

그렇게 해서 젊은 처칠은 이 멋진 5년 동안 벌써 자신의 두 번째 직업도 우연히 찾아냈다. 전쟁이 첫째 직업이요, 두 번째 일은 문학이었다.

이는 그가 수많은 전쟁 여행의 경비를 마련해야 했기에 시작된 일이었다. 랜돌프 경은 가난하게 죽었다. 그의 재산은 겨우 그가 남긴 빚을 갚을 수 있을 정도였다. 그의 아들도 봉건적 연대의 기병 장교로는 가난한 편이었다. 어머니는 해마다 그에게 그 시대에는 상당한 금액이던 500파운드를 주었지만 물론 그것만으로는 이것저것 부족했다. 다행히도 당시 장교들이 부업으로 종군 기자 노릇을 하는 것이 금지되지 않았다. 그래서 젊은 윈스턴은 기자가 되었다. 그가 처음으로 쓴 기사는 다음과 같은 말로 시작된다. "처음 문장들은 힘들다. 신문 기사도 사랑 고백에 못지않게 힘들다." 이런 기사들은 대체로 성공적이었고 보수가 차츰 올라갔다. 두 번째 전투에 참가한 다음 처칠은 신문 기사만이 아니라, 아예 책을 쓰기로 결심했다. 『말라칸드 야전부대 이야기』 *The Story of the Malakand Field Force* 라는 책이었다.

이 책은 생생하고 입체적이며 극적인 전투 서술로 인해 문학계에서는 환영을 받았지만, 그가 모든 것과 모든 사람을 대놓고 극히 무심하게 행한 비판 때문에 군대에서는 그다지 환영받지 못했다. 야전부대 사령부, 보급 조직망, 자의식이 강한 젊은 작가가 자주 직면하던 군대 체계 등에 대한 비판이었다. 젊은이는 자신의 판단에 지나칠 정도로 자신감이 있었고 전혀 거리낌이 없었다. 게다가 어느 정도 천진한 방식으로, 자기에게 있던 — 어디서 온 건지 누가 알랴만 — 전략적 감각, 사령관 관점 등까지 내보였다. 다만 전문가의 품질이나 정당성을 입증할 길은 없었다. 하지만 그가 직계 상사의 심기를 건드리면, 그 상사의 상사, 곧 런던의 진짜 거물급들은 그것을 재미있어 했다. 특히 그토록 유명하고 악명 높은 사람의 아들이었으니 더욱 그랬다. 그러나 그가 아무리 군대를 좋아했다 해도 군대 세계에서 결국은 소위에 지나지 않았다. 그는 작가로서 권력의 맛을 약간은 느낄 수 있을 정도의 영향력을 얻었다.

그래서 글쓰기를 계속했다. 다음에는 소설을 썼는데, 뒷날 그는 이것을 기꺼이 잊고 싶었다. 세 번째 책으로 그의 최초의 걸작은 『리버 워』*The River War*였다. 영국-이집트-수단 사이의 식민지 사태와 전투들을 서술한 것인데, 그 자신이 겪은 옴두르만 전투 체험이 정점을 이루고, 또한 승리 후 패자 마흐디의 무덤을 모독한 키치너에 대한 가혹한 비판이 담긴 작품이다. "승리자의 기사도라는 게 그런 꼴이었다." 『리버 워』에서 처음으로 처칠은 본능적으로 완전히 자신만의 형식을 찾아냈다. 뒷날 그의 강력한 양차 대전 서술에서도 변함없이 이용한 바로 그 형식이었다. 역사와 자서전의 혼합, 분석과 목격자 진술의 혼합이다. 그는 모험, 전쟁의 위험과 승리를 즐기는 것 못지않게 이런 책 쓰기를 즐겼다. 모험과 전쟁의 체험은 책의 내용이 되었다. 언어에 대한 사랑은 전쟁에 대한 사랑만큼이나 그가 타고난 것이었다. "책 쓰는 일이 기쁨을 준다."

책 쓰기는 또 다른 이점들을 지녔다. 상대적으로 벌이가 되었던 것이다. 반면 장교 노릇은, 특히 처칠 소위처럼 넉넉하게 지낼 경우에는 차츰 두려울 정도의 빚을 불러오는 게 고작이었다. 게다가 책 쓰기는 그를 더 위로 끌어올려 주었다. 저 유명한 이름을 달고 비판적인 붓을 놀리는 젊은이는 권력자들의 주목을 끌었다. 장관들과 차관들이 그를 초대했다. 심지어는 13년 동안이나 거의 꾸준히 권좌에 있던 이미 늙은 강력한 총리 솔즈베리까지도 그를 한 번 만나 볼 만하다고 여겼다. 젊은 처칠은 차츰 사람들이 자기에게 거는 기대가 무언지 알아채지 않을 수가 없었다. 정계로 들어가서 의원이 되는 것, 물론 보수당 의원이 되는 일이었다. 처칠 같은 사람에게 다른 건 당치도 않았다. 문들이 활짝 열렸으니 그는 들어가기만 하면 되었다. 경력, 권력, 명성이 그를 기다리고 있었다. 그리고 모험과 전쟁과 위험도. 그가 망설일 수 있었겠는가? "정치는 거의 전쟁만큼이나 흥분시키는 일이고 또한 위험하기도 하다"고 그는 어떤 동료 기자에게 말했다. 동료가 나직하게 의혹을 말하자 "전쟁에서는 총알을 한 번만 맞을 수 있지만 정치에서는 거듭 맞을 수도 있지." 오만한 발언이었다. 하지만 이것이 얼마나 예언적인 말이었는지는 그 자신도 몰랐다.

이렇게 해서 젊은 처칠은 자신의 세 번째 직업을 찾아내기 시작했다. 바로 피할 길이 없는, 모든 것을 포함하는 정치였다. 그는 이제 완벽했다.

처칠의 정치적 출발은 군인이나 문인으로서의 출발보다 불안했고, 정치 분야에서 그는 완벽한 대가大家가 된 적이 없었다. 타고난 전사나 타고난 글쟁이였던 만큼 타고난 정치가는 아니었던 것이다. 전쟁과 언어는 이미 그의 안에 있었다. 정치는 그렇지가 않았다. 그것은 주변에서 그에게 강요한 일이었다. 예전 영국에서는 맨 꼭대기로 올라가는 유일한 길이 정치였다. 물론 그는 무조건 꼭대기로 가고 싶었다.

1899년에 기대보다 더 일찍 그에게 선거구가 주어졌다. 다만 그리 전망이 좋지 못한 노동자 도시 올덤Oldham이었다. 그곳에 보궐선거가 있었다. 처칠은 최선을 다했으나 예상대로 낙방했다. 반백 년 이상 지속되는 그의 의회 경력은 이렇게 실패로 시작했다. 그것은 물론 대재앙은 아니었으나 화나는 일이었다. 젊은 처칠은 지난 4년 동안 빛나는 모험과 출세의 기간을 보내고 나서, 1899년 여름 짧은 한순간 모호한 처지가 되었다. 봄에 군대에는 작별을 고했고, 의회로의 입구는 당장은 막혀 있었다.

하지만 그가 걱정할 시간도 거의 없이, 모든 걱정을 날려 버릴 특별한 사건이 일어났다. 마치 무대효과와 같은 대단한 변화의 장면, 돌파구 같은 일이었다.

그 일은 다음과 같이 진행되었다. 1899년 10월에 남아프리카에서 보어전쟁이 발발했다. 이 전쟁은 처음에 영국에는 충격과 수치심밖에 안겨 준 게 없었다. 대영제국이 소수의 저항적인 보어인들에 맞서는 일이었으니 누구나 그냥 군사적 산책 정도로 여겼다. 하지만 전쟁 초기 몇 달 동안 수치스런 패배가 연달아 이어지자 1899년 11월과 12월 영국에서는 깊고도 당혹한 낙담의 분위기가 지배했다.

이런 분위기에서 모든 것이 이해할 수도 없이 실패하고 나라 전체가 머리를 가로저으며 스스로에게 의혹을 느끼기 시작하는 순간에는, 그 어떤 하찮은 기병이라도 당당하게 등장하여 아주 비할 바 없는 의미를 얻을 수가 있다. 그런 일이 신문과 대중의 의식에서 한순간 모든 패배를 가려 버릴 수가 있다. 그러니까 눈앞에 바싹 갖다 댄 손 하나로 산맥 전체를 가리듯이 말이다.

저 암울하던 1899년 늦가을에 젊은 윈스턴 처칠이 그런 기백을 불러일으키는 사기士氣 주사注射 한 방을 내놓았다.

그가 전달한 모험 자체는 그리 특별한 것이 아니었다. 그는

위: 보어인의 포로 처칠. 프리토리아 1899년.

아래: 포로 처칠을 체포하면 상금으로 은화 25파운드를 주겠다는 포고령.

포로로 잡혔다가 도망쳐서 무사히 빠져나왔다. 이런 일은 전쟁에서는 줄곧 일어나는 일이다. 하지만 이번에 이것은 온통 홍보만 들어오는 캄캄한 밤중에 비친 유일한 빛줄기였고 — 게다가 놀라운 '스토리'이기도 했다.

맨 처음에 보어 군대가 영국 장갑열차를 기습한 이야기가 나온다. 여기서 용감한 젊은이 하나가 이런 상황을 구원했다. 아니면 적어도 절반쯤 구원했다. 그런데 그는 — 센세이션! — 원래는 그냥 종군 기자였다. 하지만 전체적인 혼란 속에서 그가 지휘권을 잡고 — 두 번째 센세이션! — 기관차를 탈취해서 모든 부상자를 싣고는 달려서 그들을 구원했다. 열차의 나머지 부분까지 되찾으려고 시도하다가 그는 — 세 번째 센세이션! — 포로가 되었다. 그의 이름은? 네 번째 센세이션 — 저 유명한 랜돌프 처칠 경의 아들이자 많이 읽히고 많은 논란을 불러일으킨, 군대 비판적인 책들을 쓴 처칠 소위다!

며칠 뒤에는 보어인들이 젊은 처칠을 총살했다는 비보가 날아들었다. (아마 그들은 심지어 그럴 권리도 있었을 것이다. 처칠이 기자이자 민간인 신분으로 전투에 끼어들었으니 말이다. 물론 처칠 자신은 총살은커녕 기자이자 민간인 신분인 자신의 석방을 주장할 정도의 배짱을 지녔다.)

그리고 다시 몇 주 뒤에 이번에는 환희의 소식! 처칠이 살아 있다. 단순히 살아만 있는 게 아니라 자유를 되찾았고, 단순히 자유만이 아니라 모험적인 도주를 감행해서 탈출했다는 것이었다.

그런 다음에 — 이야기는 아직도 끝이 아니었으니 — 이런 탈출 과정의 긴장감 넘치는 온갖 세부 사항이 전해졌다. 적국의 수도 한가운데서 그 나라 말이라곤 단 한마디도 모르면서 수용소 담장을 뛰어넘은 이야기, 지도도 없이 겨우 초콜릿 몇 조각만 호주머니에 넣은 채 여러 날이나 남아프리카 고원을 길 잃고 헤매다가 달리는 화물열차에 올라탄 이야기, 광산에 몸을 숨겼다가 거기서 영국인 엔지니어를(그것도 하필 그의 선거구인 올덤 출신!) 만났다는 이야기, 그러다가 석탄 더미에 파묻힌 채 석탄 운반 열차에 실려 중립국 모잠비크로 갔다는 이야기 등등……

이런 이야기가 모두의 가슴을 흥분시키지 않겠는가? 특히 오로지 실망스런 패배의 소식밖에 없는 상황이라면 말이다. 처칠은 이 순간의 영웅이었다. 그리고 지극히 당연하게 그는 사람들이 영웅에게 기대하는 그대로 행동했다. 곧바로 다시 장교로 복귀해서 다음 반년 동안 전투에 참가했던 것이다. 전투는 차츰 나아지는 국면으로 바뀌고 있었다. 게다가 그는 계속 종군 기자로서 기사를 써서 모든 것을 설명했다. 아주 생생하고도 입체적으로, 지극히 이해하기 쉽게 말이다. 어째서 처음에 그토록 모든 것이 잘못되었는가도 설명했다. 그는 전혀 가리는 바가 없었으니, 탄력성을 잃고 경직된 장군들과 국방부의 혼란스런 지시 때문이라 했다. 또한 어떻게 하면 더 낫게 고칠지도 제시했다. 우리의 처칠은 전쟁을 좀 아는 사람이었으니 말이다! 1900년 7월 프리토리아가 점령될 때 그는 맨 앞의 전초부대에 끼어 미친 듯이 돌진해서 ─ 도시가 아직 완전히 함락되지도 않았는데 ─ 자기가 한때 갇혀 있던 수용소에서 영국인 포로들을 석방시켰다. 이보다 더 빛날 수가 없었다. 온 나라가 여전히 그의 이야기를 했다.

1900년 10월에 ─ 보어전쟁은 이제 승리한 듯 보였고, 정부는 승리의 분위기를 이용하려 하는 가운데 ─ 새로운 선거가 있었다. 처칠은 다시 군대를 떠났고, 새로운 명성을 등에 업은 채 지난번 자신의 선거구에 다시 출마해서 이번에는 영광과 광채 속에 승리했다. 성취했고 돌파했다. 그는 새로 출발하는 의회에서 가장 흥미로운 초선 의원이었다. 마침내 출세의 사다리에 한 발을 올려놓았다. 이 겨울 동안 그는 자의식에 도취해서 살았다. 그렇다, 선택받은 사람이라는 감정에 도취한 채 만나는 모든 사람을 매혹했다. 남아프리카에서 영국으로 함께 항해한 기자 동료 한 사람은 바로 뒤에 〈유럽에서 가장 젊은 남자〉라는 제목으로 열광적인 초상화 기사를 작성했다. 더는 영국만이 아닌 유럽에서였다! 그리고 이해 겨울 그가 미국에서 최초의 강연 여행을 할 때(그는 여전히 돈이 필요했다) 늙

남아프리카의 종군 기자, 1899년.

은 마크 트웨인이 뉴욕에서 다음과 같은 말로 그를 소개했다. "신사 숙녀 여러분, 다섯 전쟁의 영웅이자 일곱 책의 저자이며 장래 영국 총리인 윈스턴 처칠을 여러분께 소개하게 되어 영광입니다." 이것은 아직은 거지반 농담이었지만 오직 절반만 농담이었다. 절반은 진담이었으니, 젊은 처칠 자신도 속으로는 아마 아주 진지하게 그런 생각을 했을 것이다.

어쩌면 이제부터 오랜 시간 지속되는 이런 심리 상태가 젊은 처칠의 생애에서 매우 특이한 결핍을 설명해 줄 것 같다. 생명력 풍부하고 모험적이던 젊은 시절에 사랑 이야기가 없다. 이 빛나는 기병 소위, 또는 뒷날에도 젊은 정치인이자 속세의 인간인 그가 수도승의 삶을 살았다고까지 생각할 일은 아닐 것이다. 실제로 젊은 날에 대한 회상에는 그가 '막심의 귀부인'*들 사이에서 이방인이 아니었음을 암시하는 몇 가지 신중하면서도 유머러스한 표현들이 나타난다. 물론 이 경우는 런던의 제국극장Empire Theatre 회랑에 등장하는 귀부인들을 가리키는 말이지만. 하지만 진짜 사랑, 특정한 여성과 삶을 고려한 관계에 대해서는 알려진 것이 없다. 그런 게 있었다면 알려졌을 것이다. 런던은 수다스런 도시고, 처칠처럼 그렇게 다채롭게 철저

■   프랑스 작가 조르주 페이도(Georges Feydeau)가 쓴 희극 제목.

히 조명되고 혹평받은 삶도 흔치 않으니 말이다, 그것도 아주 일찍부터.

처칠은 나중에 거의 서른네 살이 다 되어 결혼했고 이 결혼은 모범적으로 평생 유지되었으니, 곧잘 사랑의 결혼이라고 칭해졌다. 분명 합리적 조건이나 돈을 고려한 결혼은 아니었다. 신부는 아름다운 귀족 출신으로 영리하고 개성도 있었지만 재산은 없었다. 다정한 진짜 애착이 이 결혼의 기반이었던 것만은 분명하다. 그리고 처칠이 자신의 젊은 시절 회고를 마치는 문장, "1908년에 나는 결혼했고 계속해서 당당하고도 즐겁게 살았다"는 문장은 그가 수십 년이 경과하면서 아내에게 보낸 수많은 칭찬들 중 하나에 지나지 않는다. 그런데도 '사랑의 결혼'이라는 말은 조금 거슬리고, 부지중에 '사랑'보다는 조금 더 조용하고 온건한, 더욱 합리적인 낱말을 찾아보게 된다. 차이점을 알려면 처칠의 아버지와 어머니의 약혼과 결혼 이야기를 생각해 보라. 보통은 처칠의 생애를 특징짓는 그토록 강렬하고 극적인, 낭만적이고 센세이셔널한 요소가 여기서는 빠져 있다. 모든 것이 너무 매끄럽고 모험이 없으며 너무 잘 들어맞는다. '긴장된' 것이 아닌 고요한 행복이다. 그리고 신랑이 다른 동료 장관들과 열렬한 정치 토론을 하려고 결혼식 피로연에 나타나지 않았다는 증언도 나온다.

이 열정적인 사내의 모험적인 삶에는 위대한 사랑의 모험,

위대한 사랑의 열정이 나타나지 않았다고 말하지 않을 수 없다. 처칠의 생애에는 비스마르크의 카타리나 오를로프Katharina Orlow가 없었고, 레닌을 거의 정치 무대에서 쫓아낼 뻔했던 이네사 아르망Inessa Armand 이 없었다. 처칠을— 여러 번이나— 무대에서 쫓아낼 뻔했던 것은 정치적 정열과 군사적 모험이었지, 에로틱한 것은 한 번도 없었다. 처칠은 정치가로서 냉정하게 계산적이지는 않았다. 다른 누구보다 마음이 따스하고 피가 뜨거웠지만 어쩌면 바로 그 때문에, 곧 모든 따스함과 열기, 모든 열정과 다른 이들이 사생활에 썼던 애착마저 공개된 인품에 고스란히 다 드러나고 공식적인 활동성으로 다 흘러 들어갔기 때문에 사랑의 열정이 없었는지도 모른다.

위대한 남자들의 생애 챕터를, 각각 거기 어울리는 여성들의 이름으로 제목을 붙여야 하는 경우들이 적지 않다. 처칠 생애의 단락들은 오히려 그가 차례로 얻는 대단한 관직들의 이름을 달아야 할 것 같다. 경제장관, 내무장관, 해군장관(위대하고도 기적 같은 낭만적-비극적인 애정 사건), 군비장관, 전쟁장관, 식민지장관, (나이 들어 가면서 기묘한 막간극으로서) 재무장관, 긴 중단 뒤에 한 번 더 (그리고 두 번째 생애의 전환점으로서) 해군장관. 그런 다음 2차 세계대전의 사령탑 정상에서 뒤늦은 생애의 정점. 이것이 처칠의 생애 이야기이며, 이것이 그의 프리데리케, 로테, 릴리스, 그리고 폰 슈타인 부인,

크리스티아네, 마리안네, 울리케* 들이다. 이런 관직들에서 그는 자기 안에 있던 상상력과 정열을 매번 다르게 온전히 살아 냈으며, 여기서 그는 자신의 천국과 자신의 지옥을 보았던 것이다.

■　　모두 괴테의 생애에 나타나는 여성들의 이름이다.

CHURCHILL

3   과격분자

의회주의로 통치되는 국가에서 정치가의 고향은 자신의 정당이다. 정치가는 정당 안에서 살고 그 안에서 자신의 뜻을 관철하며 자신을 보존한다. 정당은 정치가를 받쳐 주고 보호하며, 정당 없이 정치가는 아무것도 아니니 "폭풍우가 불어와 꺾어 버리는 허약한 갈대"에 지나지 않는다. 특히 영국처럼 두 정당이 적대 진영으로 그렇게 단단히 맞붙은 나라에서 정당 바꾸기란 정치가에게는 이민이나 마찬가지다. 아니 그 이상이다. 적 앞에서 도망치는 일과 같다.

그런 일을 저지른 사람은 거의 감당하기 어려운 정치적 핸디캡을 짊어지게 된다. 옛 정당에는 배신자요, 새 정당에는 의심스런 이방인이니 말이다. 영국 정치사에서 그런 일을 하고도 별다른 해를 입지 않고 살아남은 경우는 처칠 말고는 달리 없다. 그는 그런 일을 두 번이나 했고, 두 번 다 해를 안 입은 것은 아니지만 위풍당당하게 살아남았다.

대개의 경우 당적 바꾸기가 성공했더라도 이는 정치 이력의 마지막에 해당된다. 처칠의 경우 그것은 시작이었다. 말하자면 그가 정치가가 되고 나서 최초로 행한 일이었다. 1901년에 그는 새로 당선된 보수당 의원으로서 하원에서 첫 연설을 했다. 1904년 5월에 ― 정확하게 말하자면 5월 31일 ― 그는 '하원의 마룻바닥을 가로질렀다'. 그러니까 직사각형을 이룬 영국 하원의 홀에서 여당과 야당을 나누는 빈 공간을 가로질러 걸어가서 자유당 의원들의 의석에 앉은 것이다.

영국 정계에 소동이 일어났다. 18년 전에 랜돌프 처칠 경이 직위와 경력을 내동댕이쳤을 때와 같은 소동이었다. 아들의 몸짓은 아버지의 몸짓과 아주 똑같았다. 동일하게 당당하고 근심 없는 무심함, 믿기지 않는 용기, 오만, 방자함, 무시무시한 지배 세력의 적대감을 향해 휘파람을 부는 듯한 태도, 그리고 겉보기에 변덕과 근거 없음까지도 똑같아 보인다. 젊은 처칠이 당적 바꾸기의 계기로 삼은 '자유무역이냐, 보호관세냐'라는 문제에 대해 깊은 생각을 했다고 믿는 사람은 당시 거의 없었다. 오늘날에도 그것을 믿을 아무런 이유도 없다. 경제 문제에 대해 처칠은 평생 정중한 무심함을 보였다.

그렇다면 대체 무엇 때문에 그런 짓을 한 것인가? 버림받고 모욕당한 보수주의자들은 기회주의와 명예욕 때문이라고 답

한다. 거리낄 것도 원칙도 없는 무자비한 개인적 명예욕 말이다. 그리고 이런 설명을 완전히 부인하기도 어렵다. 아들의 몸짓이 아버지의 그것과 아무리 똑같아 보여도 한 가지 차이만은 두드러지기 때문이다. 랜돌프 경은 보수당이 방금 (그것도 주로 자신의 공적에 의해) 집권을 시작했을 때, 그리고 헤아릴 수 없이 긴 집권의 시기를 눈앞에 두고 있을 때, 자신의 관직들을 내동댕이쳤다. 윈스턴 처칠은 소속 정당이 18년 동안이나 집권하면서 소모되고 싸움에 지쳐서 이미 정권 교체의 분위기가 나타나고 있을 때 자신의 정당과 결별했다. 그리고 또 다른 차이점이 더 있다. 랜돌프 경이 내던진 것은 정부 안에서의 이인자 자리였다. 하지만 아들은 많이 회자되기는 했어도 그래봤자 별로 출세하지 못한 젊은 의원, 아무 관직도 품위도 없이 평범한 '뒷자리 의원'일 때 자신의 정당에 등을 돌렸다.

어쩌면 이것이 그가 그토록 대담한 결심을 하게 된 한 가지 이유였을지도 모른다. 그러니까 처칠은 모욕과 상처를 받고, 당 지도부가 자기를 3년 동안이나 뒷자리에 머물게 한 것에 감정이 상했던 것이 분명하다. 그는 (품위보다는) 관직과 권력을 지향했다. 그것도 진심으로 그것을 원했고, 어쩌다 연설이나 한 번 하고는 재입장 방식 표결[의원들이 일단 모두 퇴장했다가 찬성과 반대로 나뉜 문으로 다시 입장할 때 인원수를 헤아려 결정하는 방식]을 위해 미리 지시받은 문으로 고분고분 걸어 들어

빅토리아 여왕 초기 영국 하원의 모습.

가는 뒷자리 의원의 처지를 금방 참을 수 없다고 느꼈다.

처칠이 정치에 입문한 초기에 — 1901~1914년 — 그와 관계가 있던 모든 사람의 눈에 한 가지 사실이 보였다. 격한 불안감과 끊임없이 초조하게 한 걸음씩 내딛는 매우 긴장된 기대감이었다. 이런 내면의 불안감과 초조함은 두 가지 요소가 합쳐진 것이다. 자기가 어떤 위대한 일을 하도록 정해졌다는 확고한 내면의 믿음과, 또 (아버지처럼) 자기도 일찍 죽을 것이라는 역시 확고한 믿음이었다. 앞엣것은 잘 알려져 있다시피 올바른 것으로 판정이 났지만 두 번째 믿음은 그렇지가 않다. 그렇다 해도 이 시기에 이런 신념이 그의 내면에서 아주 굳건했던 것을 막을 수는 없었다.

처칠은 종교가 없었다. 그리고 대부분의 불가지론자들이 그렇듯이, 그도 말하자면 운명을 믿는 미신적인 사람이었다. 지금까지의 삶에서 그는 특히 자주 날카로운 생의 위기에 처했었고 (전쟁과 모험의 시기에는 실제로 그런 위험을 찾아다니기까지 했으니) 여러 번이나 마치 기적처럼 무사히 거기서 빠져나왔다. 이것은 나중에도 여러 번이나 되풀이되는 체험이다. 이는 그에게는 운명이 자기를 위해 무언가를 예비했다는, 거대하고도 점점 더 강해지는 표시였다. 그리고 그는 운명의 뜻에 따를 각오를 지나치게 단단히 다졌다.

운명이 무엇을 위해 자기를 선택하고 보호했는가를 정치 초

올덤의 의원, 1901년. 처칠은 1900년 10월에 의회로 들어갔다.

년병 시절 그는 아직 알지 못했다. 다만 알지 못하는 신호를 잡을 각오는 늘 되어 있었다. 그리고 이 시기에는 자기가 일찍 죽을 것이며, 따라서 자기도 모르는 운명의 과제를 완수하려면 서둘러야 한다고 확신하고 있었으므로, 보수당의 뒷자리에서 허송세월하면서, 자신의 열렬한 소명 의식을 향해 고작해야 안됐다는 눈길로 미소나 보내 주는, 게다가 이젠 분명 추락 중인 저 늙고 평범한 정치가들에게 하찮은 취급이나 당하는 것이 그에게는 거의 절망감을 불러일으켰을 것이 분명하다.

이들은 바로 아버지에게 덫을 놓아 정치인 생활에 넌더리가 나게 만들고는 마침내 아버지가 정치적 자살을 하는 꼴을 고소한 만족감으로 바라보던 저 심술궂은 소인배들이 아니었던가? 현재의 총리는 20년 전에 '랜돌프'가 당에 어떤 해로운 행동을 하다가 제 발에 걸려 넘어지게 하자는 저 영리한 조언을 했던, 바로 그 아서 밸푸어가 아니었던가? 처칠은 이 시기에 아버지의 전기를 쓰고 있었다. 그것은 1905년에 두 권의 책으로 출판되었다(그가 쓴 가장 방대한 책들 중 하나). 그 과정에서 그는 1880년대의 정치 드라마들을 뒤늦게 체험했고, 그것도 철저히 랜돌프 처칠 경의 입장에서 체험했다. 랜돌프 경이 자신의 정당 동료들에 대해 갖고 있던 극복할 길 없는 경멸감이 ― 민주주의 이전의 바로크 방식 고위귀족의 감정에 들어 있는 어떤 요소, 천재적 재능을 지닌 자가 느끼는 초조하고도 지적인 우월감의 어떤 요소 — 이제 아들에게서 완전한 힘으로 되살아났다. 그가 웨스트민스터의 보수당 뒷줄에 있는 자기 좌석에서 주위를 둘러보면 죄다 아버지가 경멸하던 사람들뿐이었다. 모두들 자만심에 가득 찬 부자 귀족 출신의 평범한 신사들로서 책략에 능한 소인배의 영리함, 조심성, 계산, 편협함, 온건한 거만함과 나이 든 소년 같은 거짓 동지애를 보였다. 이들은 평생 비싸고 인상적인 매질 교육의 산물로 살면서 이제 성공적으로 나이 들어 가는 사람들이었다. 게다가 이들 흔들리지 않는 늙은 신사들은 분명 어깨를 움찔하고는 온화하고 침착한 농담이나 주고받으며 몇 년(또는 몇십 년?) 야당의 자리를 향해 가는 중이었다. 이 사람들이 이 순간 어쩔 바를 모르니 저 빌어먹을 자유당원들이 한동안 여당 노릇을 하겠군! 무어라고? 어쩌면 전례 없는 어떤 일이 이루어지기를 고대하는 이 시기, 이 운명의 시기를, 어쩌면 젊은 처칠이 아직 앞에 두고 있는 얼마 안 되는 이 몇 년을(자기는 일찍 죽을 테니 말이다!) — 아무 일도 못한 채 하찮은 취급이나 당하면서 야당 의원의 좌석에서 겸손하게 노력하고, 그것도 이런 작자들과 함께 보내야 한단 말인가? 고맙지만! 나 빼고 가시라! 그는 자유당으로 넘어갔다. 관직과 권력과 어쩌면 운명이 자기를 기다리는 곳으로 말이다.

당연히 그는 자유당에서 이질적 존재였다. 하지만 흥미로운 이물질이었으니, 저 보수당에서 차지했던 것보다 훨씬 더 중요한 인물이었다. 영국 보수당은 과거에 (그리고 지금도) 확고히 자족적인, 둔감하고 오만한 정당으로서 그 누구도 무엇도 그들에게 경탄을 만들어 낼 수 없었다. 적어도 지성과 독창성의 측면에서는 절대로 아무런 인상도 줄 수가 없었다. 그들은 자기들이 이 땅의 타고난 지배자이자 타고난 여당이라고 느꼈다. 반면 상대방, 곧 당시 아직 자유당은, 예외적으로나마 집권하기 위해서는 무언가 특별한 것 — 특별한 행운, 특히 좋은 발상, 특별한 인물 — 이 필요하다고 은밀히 느끼고 있었다. 그래서 저 유명하고도 악명이 자자한 젊은 처칠 같은 특별한 신입 당원은 자유당 사람들 사이에서는 환영을 받았다. 거의 첫 순간부터 그는 보수당에서는 절대로 차지하지 못했던, 그리고 앞으로도 오랫동안 차지하기 어려운 위치로 올라섰다. 미래의 자유당 정권을 위한 장관 후보가 된 것이다. 1906년의 정치적 지진을 통해 자유당이 정말로 정권을 차지하자, 그는 식민차관이 되었다. 2년 뒤에는 내각의 경제장관, 이어서 내무장관이 되었다.

여기까지는 그나마 어느 정도 설명이 된다. 하지만 이제 정말로 특별한 일, 아마도 처칠의 긴 정치 인생에서 가장 특이한 일이 일어났다. 고위귀족 출신으로 전직 기병 소위이던 사람이 자유당으로 넘어갔다면, 누구나 그가 어쨌든 이 새로운 정

연설 중인 로이드 조지.

당에서 당내 우익에 머물 것이라 생각하게 마련이다. 하지만 그는 몇 년 안에 당내 극좌 진영으로 빨려 들어갔다.

당내의 좌익 세력은 고등교육을 받은 절도 있는 대ᵏ 부르주아 출신 자유당 지도자들 눈에는 과격하다 못해 거의 혁명적으로 보였다. 당시 가장 거친 웨일스의 가난한 시골 변호사 출신으로 단호함과 빛나는 광채를 지닌 매우 거친 선동가이던 데이비드 로이드 조지가 이들 당내 좌익 세력을 이끌고 있었다. 물불 가리지 않는 이 무시무시한 로이드 조지는 정치적 천재이자 선동가이며 위대한 대중 연설가였지만, 마음만 먹으면 "나무를 홀려 그 껍질까지 벗겨 낼 정도로" 매혹적인 사람이었는데, 당시에 상대 당인 보수당원뿐만 아니라 수많은 당내 동지들조차 놀라 자빠지게 만들 만한 계획을 추진하고 있었다. 자유당 정권을 사회주의 혁명 정책 안으로 끌어들여서 (자기가 미워하던) 보수적인 귀족계급의 권력을 단번에 무너뜨리고, 높은 상속세와 소득세를 부과해서 그들의 발밑에서 경제적 기반을 빼앗아 그들에게 헌법적 방호벽인 상원을 마비시키고, 그와 동시에 위대한 사회 개혁을 통해 거의 아무런 권력도 없던 프롤레타리아 계급을 자유당 지지층으로 확보한다는 계획이었다. 그는 20세기 영국 정치사에서 국내적으로 가장 소란스럽던 1908~1911년의 시기에 간계와 폭력, 숨이 멎을 정도의 정치적 수완이라는 점에서 보수당원뿐만 아니라 자신의 정당 지도자들까지 제압해 버렸다. 그들을 유혹해서 그들이 감히 짐작도 못할 노선으로 끌어들였던 것이다.

이 과정에서 가장 큰 조력을 한 동지이자 거의 경쟁자라고 할 만한 사람이 누구였던가? 다름 아닌 보수당 출신 윈스턴 처칠이었다. 그야말로 믿을 수 없는 일로서 온건한 자유주의자들조차 머리를 가로저을 일이었고, 보수당원들에게는 아예 전례 없는 추문이었다. 보수당원들에게 로이드 조지는 어차피 계급의 적이었다. 그러니 그렇다 치자. 하지만 이 '무시무시한 쌍둥이'의 또 다른 한 명이 뭐, 윈스턴 처칠이라고? 그놈은 혐오의 히스테리를 유발하는 유다요, 배교자이며 계급 배신자로서, 이는 잘 교육받은 영국 보수당원으로서는 그야말로 절대 있을 수 없는 일이었다. 처칠이 1908년의 재선에서 패배하자 (그는 바로 뒤이어 또 다른 선거구를 찾아내 당선되어 거의 즉시 하원으로 복귀했다) 보수당 신문 하나는 이렇게 보도했다. "처칠이 밀려났다. 말이 가장 절실하게 필요한 이 순간 말이 나오지 않는다. 이는 우리 모두가 열망하던 일, 그 어떤 말로도 표현할 수 없이 간절히 바라던 일이다. 값을 치른 것이다. 그렇다. 그런 것도 있긴 하지만 누가 오늘날 값을 치르겠다는 감각이 있나? 처칠이 밀려났다. 밀-려-났-다!"

처칠은 나중에 보수당으로 되돌아갔다. 하지만 전 세계가 그를 바라보던 가장 위대한 시기에도, 영국 보수당원들은 절

선거 유세 중인 처칠. 맨체스터, 1908년.

대로 다시는 그를 완전히 자기들의 동지로 여기지 않았다.

하지만 이런 과격분자 시기는 대체 어디서 나타난 것일까? 그는 절대로 타고난 사회주의 혁명가는 아니고 오히려 그 반대였다. 기질과 성향으로 보자면 진짜 민주주의자도 아니었고, 그보다는 오히려 귀족주의 본능을 지닌 낭만주의자, 바로크 인간이었다. 물론 그의 아버지도 그랬듯이 진짜 '노블레스 오블리주'의 감각, 거의 왕과도 같은 너그러움과 섬세한 마음도 이런 귀족주의 본능에 속하는 것이다. 거기 더해 갑자기 예상치 못한 방향에서 자기를 부른다는 느낌을 준 저 운명에 대한 믿음까지! 운명이 지금까지 자기를 아낀 것은 어쩌면 바로 이것 — 저 빈자貧者들의 구원자인 위대한 귀족 출신 호민관, 영국의 가이우스 그라쿠스Gaius Gracchus가 되라는 것이었던가? 그래야 한다면 그는 그럴 준비가 되어 있었다.

하원의 자유당 동료 한 사람이 1908년에 쓴 일기가 그 열쇠를 제공한다. "윈스턴은 나를 집으로 데려갔다. 내가 자리에 들었는데 그는 옷을 갈아입고는 방 안을 이리저리 오가면서 몸짓을 동원해 격하게 자신의 온갖 희망과 계획들, 자신의 명예욕을 설파했다. 그는 온통 가난한 사람들 생각으로 가득 차 있었다. 방금 그들을 찾아낸 것이다. 그는 섭리에 의해 자기가 그들을 위해 무언가를 하도록 정해졌다고 믿는다."

그것이 한 가지 설명이다. 또 다른 설명으로는 여기서 진짜 전쟁이 터졌다는 사실이다. 윈스턴 처칠은 전쟁에서 절대로 뒤로 물러설 사람이 아니었다. 그것은 계급전쟁이었으니, 그가 기대한 것은 아니었고, 물론 그가 찾아다닌 전쟁도 아니었다. 하지만 전쟁은 전쟁이다. 그는 아마도 상대편에서 싸웠어야 했을 것이다. 냉정하게 생각해 보면 상대편에 속하는 사람이었으니 말이다. 하지만 그러기엔 너무 늦었고, 냉정하게 생각할 시간도 없었다. 그가 이미 이쪽 편에 있는데 전쟁이 벌어졌다면, 그의 천성으로 보아 거기에 자신을 완전히 던져 넣지 않을 수 없었다. 그것도 격렬하고 가차 없이 온 힘을 다해서 말이다.

거기다가 개인적인 세 번째 요인도 덧붙여졌다. 수수께끼 같은, 하지만 따지고 보면 수수께끼도 아닌, 저 위대한 진짜 호민관 로이드 조지에 대한 개인적인 끌림이었다. 처칠은 이 전쟁에서 그와 동맹을 맺었다. 겉으로 보면 이보다 더 이질적인 두 사내를 생각하기 어려울 정도다. 처칠은 잉글랜드의 귀족, 로이드 조지는 웨일스의 켈트 계열 거의 프롤레타리아. 처칠은 일상의 정치에 표류해 들어온 전투적인 낭만주의자, 로이드 조지는 만사에 능한 직업정치가이자 현실주의자. 처칠은 극히 신중하고 인습적인 사생활을 유지한 반면 로이드 조지는 악명이 자자한 바람둥이였으니, 그의 앞에서 그 어떤 여비서도 완전히 안전하지 않았다. 처칠은 극히 엄격하게 재정적인

신혼부부 처칠과 클레먼타인 호지어(Clementine Hozier). 1908년 9월에
결혼식을 올렸다.

깔끔함을 유지했다. (1919년 유산 상속을 통해 재정적으로 독립할 때까지 그는 자기가 지출하는 동전 한 닢까지 스스로 벌었고, 따라서 자주 돈 걱정에 시달렸다.) 로이드 조지는 간단히 말해 부정부패한 사람으로 20세기 영국에서 재임 중 거대 재산을 축적한 유일한 정치가였다. 처칠이 거의 자살 성향이라고 부를 만큼 위험을 좋아하고 용감했다면, 로이드 조지는 신체적으로는 겁이 많고 신경증이 있었다. 처칠은 자신의 출신 계급과 깊은 갈등에 빠졌지만, 로이드 조지는 자기 계급의 영웅이자 맨 앞에 선 투사였다.

그런데도 자유당 시절 다른 모든 유명한 장관들과 이 두 사람을 갈라놓는 어떤 것이 그들을 결합시켰다. 즉 당시 '오로지 제1 바이올린으로만 구성된 내각'에서 다른 유명인들은 모조리 높은 교육을 받은 섬세한 시민, 기품이 있는, 아마 석고로 뜬 유형들로서 모두들 뒷날 전쟁에서 분명하게 실패했다. 심지어 특별한 권위와 날카로운 판단력, 이해력, 정치적 능력을 지닌 총리 애스퀴스조차 마찬가지였다. 그는 아마도 20세기 영국이 내놓은 가장 위대한 평화 총리였지만, 전쟁에서는 실패했다. 그에 반해 로이드 조지는 당시 '불건강한' 극좌파에 거의 평화주의자였지만, 알려져 있다시피 나중에 그것이 중요해지자 1차 세계대전에서 영국을 부수면서 승리로 이끌었고, 처칠은 2차 세계대전에서 그렇게 했다. 감추어진 투사의 요소, 인위적이고 환상적인 도박꾼 기질이 두 사람을 결합시켰다. 두 사람은 시민계급의 정상적인 정치인들이라면 놀라 자빠질 만한, 그리고 실제로도 자주 놀라 자빠지게 만든 열정과 개인적인 전력투구로 정치를 했다. 줄여 말하자면 두 사람은 천재였고 무언가에 사로잡힌 사람들로, 평온한 보통 영국인들에게는 몹시 의심스러운 요소를 지녔지만, 거듭 그들을 물리치지 못하게 하는 무언가 데몬 같은 근원의 힘을 가진 사람들이었다. 그리고 어찌 안 그렇겠는가, 그들 자신도 서로에게 끌렸다.

여기서 간과해서 안 되는 것은 그들이 동시에 경쟁자들이기도 했다는 점이다. 두 사람은 끝없는 명예욕을 지녔다. 언젠가 최고 정상에 두 사람을 위한 자리가 없을 것은 뻔한 일이었다. 하지만 우선은 도대체 자기들 중 누구 하나를 위해서라도 그곳에 자리가 있겠느냐, 건강한 평균적 인간들이 결집하여 그들이 그리로 올라가는 길을 완전히 막아 버리지 않겠느냐는 것이 더 문제였다. 그러는 동안 그들은 물론 서로 경쟁적인 대담성과 과격함으로 상대를 능가하려는 동맹자, 형제, 전투 동지였다. 적들의 눈에는 '무시무시한 쌍둥이'였다.

총리인 애스퀴스에게 이들의 동맹은 이미 오래전부터 으스스했다. 이 둘은 동맹해서 자주 그가 원래 바라는 것보다 더 앞으로 나아가도록 강요했다. 그는 또한 이들의 동맹에서 앞으

의회로 향하는 로이드 조지와 윈스턴 처칠, 1910년.

어머니와 함께, 1911년.

로 언젠가 자신을 무너뜨릴 힘을 감지했다. 그래서 그는 이 동맹을 파괴해 버렸다. 그가 여기서 택한 방식은 정치적·심리적인 면에서 그의 날카로운 눈길에 경의를 표하게 만든다.

그는 아주 간단한 일을 했다. 총리는 처칠을 해군의 1인자, 곧 해군장관에 임명한 것이다. 그것도 처음으로 전쟁 가능성이 영국의 눈에 들어온 그 순간을 완벽하게 노렸다. 바로 1911년 여름 아가디르Agadir 사건과 제2차 모로코 위기 직후였다. ■

그는 과격분자 처칠에게서 전사 기질을 알아보았다. 그리고 이 과격분자를 없애려면 전사에게 임무를 부여하기만 하면 된다는 결론을 내렸는데, 올바른 판단이었다. 곧바로 처칠의 '과격분자 시절'은 바람에 날린 듯 사라져 버렸으니 말이다. 처칠은 가난한 사람들을 잊었다. 운명이 '그들을 위해 무언가를 하는' 것보다 더욱 위대한 뜻을 품고 있음이 분명해 보였다. 1911년 10월에 해군장관직을 떠맡는 순간부터 처칠은 마음속으로 전쟁을 수행했다. 2년 전만 해도 경제장관 처칠은 재무장관인 로이드 조지와 합세하여 독일과의 함대 군비경쟁 한가운데서

■　모로코 지역 주민들의 반란에 프랑스군이 개입하자, 1911년 7월 1일 독일이 자국민 보호를 구실로 모로코의 아가디르 항(港)에 전함 '판터'를 파견하면서 발생한 위기. 독일은 자국의 이익을 보호하기 위해서라고 했으나, 실은 프랑스를 위협하기 위한 행동이었다.

해군이 새로운 드레드노트Dreadnought 전함을 위해 요구한 자금을 거절했었다. 쌍둥이는 자기들의 사회 개혁을 위해 그 돈이 필요했고, 또한 보수주의자 제독들을 화나게 만들려고 했다. 이제 해군장관 처칠은 해마다 점점 더 영국 재무 역사에서 가장 터무니없는 해군 결산표를 내놓았다. 로이드 조지가 항의했으나 헛일이었다. 동맹 관계는 끝장났다.

애스퀴스는 또 다른 의미에서도 제대로 계산했다. 1911년 영국 함대는 그때까지의 영국 역사상 최대 규모이긴 했으나 가장 현대적인 함대는 아니었다. 100년 동안이나 해전을 수행할 필요가 없었기에 자부심만 넘치는 목화朳化된 낡아빠진 함대로서, 말하자면 나폴레옹 시대에 프리드리히 대왕 시절의 군대 같은 것이었다.˙ 영국 함대는 새로 단장할 사람을 필요로 했다. 처음에 애스퀴스는 영국 군대의 개혁을 방금 마친 리처드 홀데인Richard Haldane을 생각했었다. 하지만 마침내 훨씬 젊은 처칠을 그 자리에 임명했는데, 그는 자기가 무슨 일을 하는지 잘 알고 있었다.

처칠은 여전히 경험이 부족하고 약간 무시무시하고 약간 예

■   프로이센이 100년 이상 된 프리드리히 대왕 시절의 군대를 개혁하지 않고 고수하면서 자부심에 넘쳐 있다가 나폴레옹과의 전쟁에서 참패한 것을 빗댄 말.

해군장관.

가족과 함께, 1914년.

측이 안 되는 정치인이었다. 하지만 동시에 처음부터 극히 믿음직하고 돌파력이 있는, 모든 방면으로 두루 이용할 수 있는 장관 재목임을 입증했다. 근본적으로 그는 정치보다는 행정에 훨씬 더 잘 맞았고, 애스퀴스는 날카로운 눈길로 그것을 꿰뚫어 보았다. 젊은 처칠은 본래 정치인 기질보다는 지배자 기질이 강했다. 지배, 명령, 질서, 통치 등을 조종, 결합, 음모 꾸미기보다 더 잘했다. 그리고 장관이 되면 지배할 수가 있다. 제한된 영역에서이긴 해도 어쨌든 지배한다. 게다가 이 영역이 전쟁 분야라면 그는 다른 모든 것을 다 잊을 판이었다. 애스퀴스는 그것을 알았고, 영리하게 이용했다.

이제 겨우 서른일곱 살 처칠은 이전 어느 때보다도 더 자신의 영역에 있었다. 그는 이제 세계에서 가장 거대한 함대를 통치하고, 그것도 거의 절대적으로 통치했으니 그 누구도 그에게 어떤 간섭도 하지 못했다. 그는 해군을 재조직하고, 해군참모부를 새로 만들고, 해군의 온갖 전쟁 계획들을 뒤집어엎고, 전체 함대를 석탄 난방에서 기름 난방으로 바꾸고, 전함의 총포들을 이전 어느 때보다 더 크게 만들고, 그것을 위해 완전히 새로운 전함 유형을 구성했는데, 그것도 해군 제독들과 장교들을 자극하거나 화나게 하는 일이 전혀 없이 이 모든 일을 해냈다. 오히려 반대였다. 그들 사이에서 그는 극히 인기가 좋았다. 항구에서 항구로 이동하면서 배들을 살펴보고, 장교들과 함께 선실에서 술을 마시고, 그들의 고충과 근심과 제안들을 경청했다. 그가 자기들 사람이며 자기들이 오랫동안 열망했으나 소용이 없었던 일을 마침내 해내리라는 것을 그들 모두가 알도록 일처리를 했다.

이제는 은퇴하여 피셔 경이라는 호칭을 얻은, 이미 일흔 살도 넘은 제독 존 피셔Admiral John Fisher는 오래전에 영국 함대를 개혁하고 현대화하려고 시도했지만, 거의 모든 다른 함장이나 함대 장교 들과 그것을 두고 상당히 마찰을 빚었다. 처칠은 이 은퇴한 노인을 도로 불러들여 그를 은밀히 자신의 브레인으로 삼았다. 사나운 수병이자 괴짜 천재인 노인은 상궤를 벗어난 사람으로, 아직도 태어나지 않은 아이들처럼 실현되지 못한 아이디어들로 가득 차 있었다. 그는 형형한 눈길로 이 젊은 이가 마치 마법 막대기라도 쥔 것처럼, 자기가 그 여러 해 동안 이를 악물고 애쓰던 일들을 실현하리라는 것을 알아보았다. 그는 처칠에게 진짜 애정에 넘친 편지들을 썼다. "사랑하는 윈스턴", "얼어붙은 지옥까지 당신 편인 사람" 등의 구절이 들어 있었다. 처칠은 처칠대로 경탄하면서 그를 존중했다. 고령과 기벽에도 불구하고 그를 자신의 '해군본부 위원회의 제1 군사위원'First Sea Lord, 곧 자신의 함대 수장으로 만들려는 유혹에 거듭 사로잡히곤 했다.

그는 유감스러워하면서 거듭 그것을 뒤로 미루었다. 피셔는

처칠과 존 피셔가 함께 일하고 있다.

사람이 너무 꼬여서 상대하기 어렵고, 동료들 사이에서도 너무 미움을 샀다. 그런데도 그는 기어이 그렇게 하고야 말았지만 불운을 자초한 일이었다.

처칠은 독일에 맞선 대규모 전쟁과 독일 함대를 염두에 두고, 해군부에서의 모든 일을 기획했다. 1911년의 아가디르 위기 이후로 그는 전쟁이 불가피하게 닥쳐오리라 확신했다. 해군부의 집무실 테이블 뒤편 벽에 거대한 북해 지도를 걸어 놓고, 그 지도 위에다가 작은 핀으로 모든 독일 함정의 위치를 매일 표시하도록 지시해 두었다. 방으로 들어설 때마다 맨 먼저 그의 눈길이 가는 곳은 언제나 바로 이 함정 위치 지도였다. 전쟁이 언제라도, 어쩌면 1904년 러일전쟁의 경우처럼, 함대에 대한 기습 공격으로 시작될 수 있지 않았던가? 어쨌든 그 자신은 절대로 그렇게 기습당할 생각이 없었다.

처칠은 독일이라는 나라와 독일인에 대해 나쁜 감정은 없었다. 기꺼이 독일 황제의 군사 훈련에 손님으로 참석했고, 전문가의 눈길로 옛날 독일 육군과 최근의 독일 함대에 경탄했다. 이따금 그가 독일에는 함대가 '일종의 사치'지만 영국에는 목숨이 달린 일이라고 말했다면 — 독일에서는 그의 이 말에 극히 감정이 상했지만 — 그것은 나쁜 뜻이 아니라 어차피 진실이 포함된 말이었다. 그런 모든 것은 그가 1911년 이후로 독일과의 전쟁을 피할 수 없다고 간주하는 것을 조금치도 변화시키지 못했다. 그는 마음속으로 이미 매일 전쟁놀이를 했고, 거기 깊이 매혹되었다. 결국 그는 전사였으니까. 전쟁 생각이 그의 정신을 극도로 자극해서 즐겁고도 영감이 넘치는 긴장 상태로 데려갔다. 자기가 감당할 수 있는 전쟁, 그렇다, 그는 이미 다른 누구보다도 자기가 이 전쟁을 위해 부름을 받았다고 느꼈는데, 어쨌든 다가오는 이 전쟁을 생각할 때면 그의 '명예욕'과 운명에 대한 믿음이 온 신경을 기분 좋게 떨리게 만들었다. 그는 이제는 운명이 자신을 무엇에 쓰기로 정했는지 안다고 믿었다.

1911년 9월 어느 날 저녁 총리 별장에서 총리가 그를 해군장관에 임명했을 때, 처칠은 미신적인 생각에서 침실 탁자에 놓인 성서를 열었다. 그가 읽은 구절은 다음과 같았다.

"들어라, 이스라엘아! 너희는 오늘 요단강을 건너 너희보다 더 크고 강한 민족들의 땅에 들어가 그것을 차지할 것이다. 성읍들은 견고한 요새처럼 되어 있고 매우 크다. 거기서 우리는 [거인인] 아낙Anak 자손도 보았다. 아낙 자손에 대해 너희는 이런 말을 들었다. '누가 아낙의 자손들에 맞서 이길 수 있으랴?'

그러므로 너희는 오늘 너희와 함께 가는 하느님 야훼가 타오르는 불임을 알아야 한다. 야훼께서 그들을 섬멸하여 그들이 너희 앞에 복종케 하실 것이니, 그러면 너희는 하느님의 말씀대로 그들을 쫓아내 곧바로 죽일 것이다."

처칠은 성서를 믿지는 않았지만 이 신탁은 믿었다.

정확하게 3년 뒤 정말로 전쟁이 터졌을 때 처칠에게는 전혀 놀라운 일이 아니었고, 거의 뉴스도 되지 못했다. 1914년 8월 1일 토요일 저녁때 그는 두 친구와 함께 테이블에 앉아 있었다. 그중 한 사람이 뒷날 그때의 일을 이렇게 보고했다.

"갑자기 커다란 급보 상자 하나가 방으로 운반되어 왔다. 처칠은 책상에서 자신의 비밀 열쇠를 꺼내 상자를 열고는 안에 들어 있는 단 한 장의 종이를 꺼냈다. 거기에는 이렇게 적혀 있었다. '독일이 러시아에 선전포고를 했음.'

그는 벨을 울려 하인을 부르더니 외출용 양복을 가져오게 하고는 더는 한마디도 없이 스모킹 재킷을 벗었다. 그런 다음 서두르는 발걸음으로 방을 떠났다. 그는 압도되지 않았다. 열광하지 않고 놀라지도 않았다. 두려움이나 당혹감을 전혀 보이지 않았다. 마치 오랜 기간 익숙한 일터로 가는 사람처럼 방을 나섰다."

CHURCHILL

4 고공비행과 추락

저 두 위대한 차세대 정치인들의 미래 전망을 저울질할 때면 자유당의 현명한 노인 중 하나인 존 몰리John Morley는 이따금 이렇게 대답했다. 평화 시라면 로이드 조지를 꼽겠지만, 전쟁이 일어난다면 처칠이 로이드 조지를 박살 낼 것이라고 말이다. 근본적으로는 처칠까지 포함하여, 아마도 로이드 조지 자신까지 포함하여, 모두가 같은 의견이었다. 처칠은 분명히 전쟁을 위해 태어난 사람이었다. 로이드 조지는 거의 평화주의자로 여겨졌다.

실제는 전혀 달랐다. 로이드 조지가 "전쟁을 승리로 이끈 사람"이었던 것이다. 1914년과 1915년 초 몇 달 동안 세계의 눈길이 처칠에게로 향했다. 하지만 전시에 그의 고공비행은 짧았고, 급격한 추락으로 끝났다. 1915년 5월에 처칠은 정치적으로 망가져 버렸다.

처음에 그는 유리한 패들을 잔뜩 손에 쥐고 있었다. 1차 세계대전이 터졌을 때 처칠은 서른아홉 나이로, 신체적·정신적 힘이나 자신감 면에서 절정에 도달해 있었다. 영국 해군의 수장으로서 그는 당시 세계에서 가장 강력한 두 개 전쟁 도구 중 하나를 손아귀에 쥐고 있었다(다른 하나는 독일 육군). 그리고 전쟁 첫해에 영국의 작전을 결정하고 이끄는 세 명 중 하나였다(나머지 두 사람은 총리인 애스퀴스와 전쟁장관 키치너). 그리고 셋 중에서 그만이 유일하게 깊은 전략적 통찰, 명료한 구상, 창의적인 아이디어를 가졌다. 바로 그 때문에 그는 파멸했는데, 그 자신의 잘못이 없지 않았다. 바로 이런 능력 덕분에 그는 자신의 정치적 위치의 약점들에 대해 눈이 멀었기 때문이다.

이런 약점들은 분명하게 드러나 있었다. 그는 2차 대전에서처럼 무제한의 전권을 지닌 총리가 아니었다. 의회에서의 위치가 이미 안전하지만은 않던 자유당 정권의 자유당 장관이었다. 그는 보수당원들 사이에서 다른 누구보다 미움을 샀다. 연정聯政이 불가피해진다면 — 그리고 전시에는 반드시 그것을 염두에 두어야 하는데 — 보수주의자들은 이 정당 배신자의 머리가죽을 요구할 것이 분명했다. 그는 자유당원들 사이에서도 확고한 지지대가 없었으니, 근본적으로는 아직도 일종의 무소속 의원이었다. 일반 여론에도 차츰 약간 으스스한 존재가

로이드 조지:　당신의 정책은
뭐요?

처칠:　현재는 벨기에의
중립을 유지하려는
우리 의도를
독일이 가능한 한
인상적으로 알도록
행동할 셈이오.

로이드 조지:　그럼 지금
당장(월요일)
공개적으로 전쟁
입장을 밝힐 셈이오?
벨기에가 점령된다면,
벨기에가 우리에게
보호를 요청하든 말든
상관없이 말이오.

처칠:　아니오.

1914년 8월 3일 각료 회의에서 로이드 조지와 처칠 사이에 오간 메모지.

되었다. 우선 정당을 바꾸고, 이어서 지나치게 과격파가 되었다가, 해군을 장악하고는 이번에는 오로지 배, 군비, 전쟁에만 관심을 집중하는 또 다른 변화를 보면서, 도무지 그의 속내를 알 수가 없었던 것이다. 시간이 흐르면서 그는 지나치게 자주 신문에 대서특필되곤 했다. 내무장관일 때는 파업 소동 한가운데 런던 경찰을 웨일스에 투입했다. 런던의 주택 하나에 바리케이드를 친 몇몇 의심스러운 아나키스트에 맞서서는 그야말로 시가전을 연출하면서 손수 지휘까지 했다. 해군장관일 때는 끊임없이 되풀이되는 아일랜드 위기가 발생하자 전함을 아일랜드로 파견했고 그로써 폭동이 일어나도록 자극했다. 그의 내면에는 계속 센세이션을 공급하는 어떤 요소가 있었다. 아마 원치는 않았을지라도 말이다. 그것은 그의 운명이자 일종의 특성이었다. 그러니 더욱 고약했다. 보어전쟁에서 처음 나타난 이 특성은 당시에는 돌파구가 되었지만, 그 뒤로는 그의 명성을 해쳤다. 거듭 인정받은 그 온갖 재능과 광채에도 불구하고, 견고하지 못한 요소, 진지하지 못한 요소가 그에게 달라붙어 있었다.

근본적으로는 그의 뒤를 밀어주는 사람이 아무도 없었다. 그는 키치너와 잘 지내지 못했다. 1897년 수단 전선의 '총사령관'이었던 — 당시 이미 너무 들이대고 시끄러운 처칠 소위에 대해 큰소리로 화를 냈던 — 키치너는 힌덴부르크^{Paul von}

Hindenburg 유형의 인물이었다. 그는 힌덴부르크처럼 전반적으로 신뢰를 얻은 사람이라 온갖 실패를 해도 용서받을 수 있었다. 그에 반해 처칠은 입증되지 않은, 신뢰할 수 없는 사람으로 여겨졌다. 그가 자신을 지탱하려면 연속적인 성공들이 필요했다. 최종 결정권자인 총리 애스퀴스의 눈에도 마찬가지였다. 애스퀴스는 그의 독창성과 재능을 알아보고, 처음에는 재미있어하면서도 일종의 호의로 그를 그대로 두긴 했지만, 동시에 어느 때라도 그를 떨구어 버릴 냉정한 각오도 함께 하고 있었다.

이런 위치에서 처칠은 세계대전을 지휘하려고 했다. 자신의 위치를 보강하거나 개선하려는 노력은 전혀 하지도 않은 채로 말이다. 게다가 가장 가까운 동료나 협력자 들의 말을 거의 경청하지 않고 언제나 설득만 함으로써 그들의 기분을 상하게 했다. 그들은 그가 마치 혼자서 모든 지혜를 독점한 것처럼 군다고 느꼈다. 완전히 틀린 것만도 아니었다. 그는 정확하게 그렇게 행동했으니 말이다. 하지만 우습게도 또는 비극적이게도 당시 그는 실제로 모든 지혜를 독점하고 있었다. 1914년에 영국에서 전쟁 상황 전체를 조망한 유일한 사람이었다. 그리고 전쟁에서 이길 수 있는 명료한 아이디어들을 가진 유일한 사람이기도 했다. 물론 그는 자신의 이런 아이디어들에 완전히 붙잡혀 있었다. 마치 이런 생각들이 자기에게 분명해 보이는 것처럼 다른 사람에게도 아주 분명하다는 듯이 말하고, 그 실현이 오로지 자기 손에만 달린 것처럼 행동했다.

1911년 여름 아가디르 위기 도중에 이미 그는 내각에 '대륙의 작전'이라는 의정서를 제출했는데, 이것은 1914년 8월과 9월의 사건들을 두려울 정도의 통찰력으로 일찌감치 내다본 내용이었다. 그는 독일군이 벨기에를 통해 진군해서 빠르게 낫질하듯이 이동해 남쪽으로 내려갈 것임을, 그러니까 슐리펜 작전을 수행할 것임을 거의 확실한 전제로 삼았다. 물론 자기가 독일의 장군 알프레트 폰 슐리펜Alfred von Schlieffen 과는 독립적으로 같은 계획을 구상했다는 사실을 그 자신도 몰랐다. 독일 침략군이 작전 수행 시작 후 대략 20일 만에 프랑스군을 마스Maas 전선에서 퇴각시킬 것이라고 올바르게 예측했고, 또한 "프랑스군이 그때까지도 완전히 소진되지 않았다면" 40일 뒤쯤에는 프랑스군이 전체 전선을 따라 완전히 펼쳐져서 반격 준비가 될 것이라고 역시 올바르게 판단했다[1911년의 예측]. 실제로도 동원령 이후 40일째인 1914년 9월 10일에 마른Marne 전투는 정점에 이르렀다. 이는 독일군이 마른강에서 퇴각한 날짜다.

자신의 이런 예언이 실현된 다음 처칠은 똑같이 환상적인 명료함으로, 갑자기 전략적으로 매우 중요해지는 안트베르펜 Antwerpen을 바라보았다.

마른 전투 이후로 전투 중인 두 세력은 파리 북동쪽에 한쪽

날개, 곧 독일군의 우익, 연합군의 좌익을 미정 상태로 남겨 둔 꼴이었다. 그러자 [각기 이 지역을 먼저 확보하려고] 뒷날 '바다로 달리기'라 불리는 경주, 곧 아직 열려 있는 방향에서 적을 포위하려는 경주가 벌어지지 않을 수가 없었다. 하지만 한편이 마치 동화 속 고슴도치처럼 "난 벌써 왔는걸" 하고 말할 수 있는 상황에 놓인다면* 어찌 될 것인가? 북쪽에는 벨기에의 요새인 안트베르펜이 아직 고립된 채로 남아 있었다. 만약 이 요새를 영국 쪽에서 제때 강화해서 독일군을 놀라게 한다면, 그리고 극히 서둘러서 영국 예비군이 모조리 해협을 건너 새로운 안트베르펜 전선을 구축한다면, 이를 토대로 독일군이 영불해협의 해안에 접근하여 전선을 고착시키는 것을 막을 수 있을 것이고, 북으로 향하는 독일군 우익을 측면과 배후에서 붙잡아 파괴하는 것이 가능할 것이다.

■ 토끼와 다리 틀어진 고슴도치가 우연히 만났는데, 토끼가 고슴도치의 비틀린 다리를 놀리자 고슴도치는 자기가 지닌 금화와 포도주 한 병을 내놓고 긴 밭고랑에서 달리기 시합을 하자고 제안했다. 고슴도치는 처음 몇 걸음만 달리고 나서 멈추고, 목적지에서 그와 똑같이 생긴 고슴도치 아내가 기다리고 있다가 토끼가 나타나면 "난 벌써 왔는걸" 하고 말했다. 토끼는 제가 진 것이 이해가 되지 않아 다시 시합하자고 제안하고 그래서 총 일흔세 번이나 달리기를 했지만 결과는 언제나 똑같았다. 토끼는 일흔네 번째 달리기를 하다가 지쳐 쓰러져서 죽었다. 이 동화는 그림동화집 187번에도 나온다.

독일군은 극히 분명하게 그것을 보았고, 마른 전투 이후 모든 예비군을 안트베르펜의 재빠른 차단에 집중시켰다. 영국에서는 처칠 이외에 누구도 그것을 보지 못했는데, 처칠은 분명한 통찰력을 가졌지만 지휘권을 갖지는 못했다.■

그러자 그가 취한 행동은 모험적이었고, 또한 나중에 그의 추락을 향한 첫걸음이기도 했다. 그는 사태를 확인하려고 직접 안트베르펜으로 갔다. 거기서 그 어떤 정당한 권한도 없이 멋대로 지휘권을 잡고 대규모 영국 구원군이 곧 도착할 것이라고 허풍을 떨었다. 그러곤 총리에게 전보를 쳐서 자기를 해군장관직에서 해임하여 장군으로(어쨌든 자기도 한때는 장교였으니) 복귀시키고, 자기에게 안트베르펜 전선의 지휘권을 넘겨 달라고 청원했다. 그와 동시에 군을 향해서는 2개 해군 여단을 안트베르펜으로 보내라고 — 아직 해군 수장 자격으로 — 명령을 내렸다. 그것이 그가 육군에서 직접 이용할 수 있는 전부였는데, 대개는 아직 교육 중인 신병들로서 그들 대부분이 포로로 잡히고 말았다. 줄여 말하자면 그는 직접 자신을 극단까지 던져서, 자기에게는 의미가 분명하지만 정부에는 분명하지도 않은 전략적인 즉흥 작전을 펼치도록 자국 정부에

■　　그런 탓에 1차 세계대전에서 서부전선이 고착되면서 지루한 참호전이 오래 계속되었다.

강요하려 했던 것이다. 물론 이 일은 실패했다.

처칠의 안트베르펜 모험은 아주 쓸모가 없었던 것은 아니다. 이미 흔들리던 요새의 저항을 5일이나 더 계속하도록 만들었고, 그로써 느려터진 연합군이 독일과의 '바다로 달리기' 경쟁을 적어도 무승부로 끝내는 데 꼭 필요한 시간을 벌어 주었다. 하지만 그것은 처칠의 발상이 아니었다. 빠르고 강력한 보완으로 안트베르펜을 북으로 향하는 독일 육군의 배후에서 역습할 기지로 만들고, 서부전선이 고착되어 진지전이 되기 전에 일종의 칸나에 전투[*] 같은 승리를 얻겠다는 그의 발상을 아무도 이해하지 못했다. 그는 이런 발상을 그 누구한테도 이해시킬 줄도 몰랐다. 이제 남은 것이라곤 그의 극단적인 행동에 대해 모두들 고개를 가로젓고, 해병 신병들을 그토록 무자비하게 희생시킨 일에 대해 의심을 드러내며 눈썹을 치켜올리는 것뿐이었다. 여론과 또한 동료들 눈에도 그는 갑작스런 변덕에 사로잡혀 국지적 군사 작전을 위해 정부의 최고위 직책 하나를 내던질 각오가 된 사람, 그러고도 결국은 실패한 사람으로 비쳤다. 그는 이제 손상을 입었다.

하지만 아직은 용기를 잃지는 않았다. 그리고 그의 밝은 전

■■　기원전 216년 한니발이 이탈리아 칸나에에서 소수의 전력으로 로마 대군에 맞서 승리를 거둔 전투.

략적 눈길도 다치지 않았다. 서부전선이 참호들 안에 고착된 다음, 이제 승리를 위해서는 두 가지 길만이 있음을 그는 분명히 보았다. '참호들을 뭉개 버릴 육지선陸地船', 그러니까 참호와 그 야전 방어 시설 '위로 굴러가면서 그 안에 든 모든 것을 파묻어 버릴' 수 있는 무언가를 만들어 내야 한다. 아니면 이제 초대형 측면 작전을 펼쳐서 새로운 전선을 열어야 한다. 아직 참호들과 확고한 방어 시설이 없는 곳에 ― 그러니까 유럽의 동남쪽 발칸에서 시작되는 전선 말이다.

1914년과 1915년 사이 겨울에 처칠은 동시에 이 두 길을 다시 자력으로 걷기 시작했다. 1918년 연합군의 승리가 정확하게 바로 이 두 길을 통해 이루어졌다는 사실은 주목할 만한 일이다. 처칠이 생각한 '육지선' 실험의 산물인 탱크가 서부전선에서 방어를 넘어, 그때까지는 전혀 성과가 없던 공격에 마침내 전술적 우세함을 부여했다. 그리고 터키와 불가리아의 붕괴를 통해 아무 방어도 없는 독일 동남부 날개가 열리기 시작하면서 1918년 9월 29일 에리히 루덴도르프가 항복하지 않을 수 없었던 것이다. 하지만 처칠이 1914년에 가진 발상들이 나중에 이렇듯 올바른 것으로 판명되었지만, 처칠에게는 거의 아무 도움도 되지 않았다. 그의 '육지선' 또는 '탱크' 발상은 처음에는 그냥 환상적인 기벽 정도로 여겨졌고, 육군은 그것이 해군장관의 생각이라는 이유만으로도 이미 비웃으며 거부했다. 이런 발상은 여러 해 동안이나 보수당과 관료층의 반대라는 정글에 꽉 막혀 있었다. 발칸 전선이라는 발상은 그렇게까지 막히지는 않았다. 처칠은 온갖 저항과 신중함에 맞서 그것을 관철시키긴 했지만, 불구 형태로 관철시켰다. 그 결과가 실패한 다르다넬스 전투 혹은 갈리폴리 전투로서, 이것이 처칠의 목을 날렸다.

그의 전략적 발상은 위대했다. 1914년 10월부터 독일 편을 들어 참전한 터키는 상대적으로 허약했다. 수도인 콘스탄티노플은 바다에 면해 있으니 우세한 해군력으로 점령할 수 있었을 것이다. 콘스탄티노플이 함락된다면 터키의 붕괴를 예측할 수 있다. 이를 통해 적어도 러시아와의 확고한 해상 연결이 생겨나고, 대량의 무기를 러시아로 보내서 손상된 공격력을 재건할 수가 있을 것이다. 그것만이 아니었다. 세르비아는 아직 버티고 있었고, 불가리아도 아직은 독일의 동맹국이 아니었다. 그리스와 루마니아에서 연합군이 승리한다면 이들 강력한 정치 세력은 연합군과 함께할 각오가 되어 있었으니, 콘스탄티노플 함락은 이들에게는 고대하던 신호가 될 것이다. 발칸은 요원의 불길처럼 타오를 것이고, 그곳으로부터 오스트리아가 붕괴될 것이니, 그런 다음엔 완전히 고립된 독일에는 이중 전선 아닌 삼중 전선 전쟁이라는 위협을 가할 것이다! 이는 나폴레옹 규모와 방식의 전략이었다. 그것 말고도 강력한 해군

다르다넬스 방어전, 1915년. 배경 오른편에 '토끼(Kaninchen)섬' 주변으로
영국-프랑스 함대가 모여 있다.

과 작지만 세련된 육군을 가진 영국에 맞춤한 전략으로, 느리게 대규모 육군을 모집하고 훈련시켜 서부전선에 내보내서는 정적靜的인 물량전이라는 뼈를 깎는 고통으로 조리돌리기보다 훨씬 더 어울리는 것이었다.

다만 이 발상을 관철시키기 위해서는— 2차 세계대전 체험이라는 조명을 비추어 보면 당시보다 오늘날 더욱 분명하게 보이는 일— 수륙 양면 전쟁 수행, 곧 함대와 육군의 긴밀한 협동 작전이 필요했다. 그것은 이루기 어려운 일로 보였다. 키치너는 "다르다넬스 작전을 믿지 않고" 서부전선을 돌파할 가능성을 믿었다. 처칠의 첫 번째 잘못은 너무 빨리 너무 당당하게 키치너의 생각을 돌리기를 포기했다는 것이다. 나중에 드러난 일인데, 그의 마음을 돌리기가 불가능하지는 않았다. 키치너는 내키지 않는 태도이긴 했지만 함대가 홀로 그 일을 해낼 수가 없다면 결국 자기로서는 "해군을 도울" 각오가 되어 있다고 선언했으니 말이다. 하지만 그 사이에 처칠은 이미 초조한 태도로 해군의 힘만으로 기습을 감행하기로 결심한 터였다.

그것은 어쩌면 불가능하지는 않더라도 몹시 대담한 기획이었다. 모든 실행부가 확신과 불같은 열의로 동참한다면, 게다가 약간의 초능력까지 발휘한다면, 겨우 성공할 종류의 일이었다. 처칠의 두 번째 오류는 자기가 모든 제독들을 그냥 억지로 질질 끌어가고 있을 뿐인데도 이 일을 시작했다는 점이었다. 그들은 망설이고 저항하면서 겨우 설득되었고, 그러면서 답답함을 느꼈다. 처칠은 그런 것을 그냥 넘겨들었다. 어쩌면 아예 알아채지도 못했다. 그러니 그 결과가 없을 리 없었다.

1915년 3월 18일에 해군은 상당한 손실을 입으면서 다르다넬스 해협의 터키 보루들에 막강한 대포 공격을 감행하여 거의 제압했다. 콘스탄티노플 기습을 감행하려 한다면 지금이 기회였다. 하지만 제독들에게 이것은— 어쩌면 올바른 판단— 너무나 으스스한 일이 되어 버렸고, 키치너가 그 사이 '해군을 돕기로' 했기 때문에, 그들은 이제 육군을 기다리겠노라고 고집했다. 육군은 시간이 오래 걸린다. 4월 25일에야 육군이 도착해서 갈리폴리 반도에 교두보 하나를 건설하더니 다시는 이 교두보에서 나오지 않았다. 기습의 요소는 물 건너가 버렸다. 터키군은 그 사이 이미 전력을 완벽하게 갖추고 버텼다. 전쟁의 국면을 결정하려던 처칠의 원대한 계획은, 5월 중순에는 이미 머나먼 터키에 새로운 참호전 전선 하나를 더 만들어 낸 것 이상이 될 수 없음이 분명해졌다.

이제 무엇을 해야 하나? 처칠은 끝까지 버틸 각오였다. 그때까지는 모험심과 즉흥적인 대담성에 의해 가려져 있던 불도그 같은 고집이 이제 처음으로 드러났다. 당시 가장 현대적이고 강력한 전함들을 엄히 질책해서 병력을 두 배로 투입하여 터키의 배후에 두 번째로 상륙[침입]할 각오를 다졌다. 턱을 앞으로 내밀고서 현재의 전략을 이제야 비로소 제대로 옹호했다.

하지만 제독들은 'No'라고 말했다. 누구보다도 자기가 경탄하던 친구, 늙고 단호한 피셔 경, 많은 반대와 경고에도 불구하고 반년 전에 자기가 해군부로 복귀시킨 저 피셔 경이 그렇게 말했다. 둘 사이는 처음 몇 달 동안은 아주 잘 돌아갔다. 처칠의 다르다넬스 계획을 피셔는 처음에 좋게 받아들였다. 하지만 피셔는 맨 먼저 옥에 티를 찾아낸 사람의 하나였다. 몇 번은 처칠의 말에 ─ 피셔 경도 자기 방식으로 처칠에게 의존했으니 ─ 마음을 돌리곤 했다. 하지만 그런 다음에는 자신의 이런 허약함을 후회하고 더욱 사납고 거세게 저항했다. 다르다넬스 계획은 처칠의 자식으로서 그 자신의 자식은 아니었다. 하지만 처칠이 해군 최고의 단위부대들을 투입하려고 하는데, 이 함대는 그 자신의 자식이었다. 처칠의 다르다넬스 작전 계획은 처음에 좋았든 나빴든 어차피 이제는 근본적으로 망가진 기획이 되고 말았다. 이제는 한 가지 일만 남았다. 여기서 끝내자! 거부하자! 이런 덫에서 벗어나자! 함대를 구하자!

1915년 5월의 이 기간에 젊은 해군장관과 나이 든 최고 제독 사이에서 하나의 드라마가 펼쳐졌는데, 극히 이상하게 들리겠지만 이는 [극작가] 스트린드베리Strindberg 방식의 과열된 결혼 생활 드라마의 분위기를 지닌 것이었다. 젊은 장관과 노인은 둘 다 격렬한 전사들인데, 둘이 모두 당당하고 고집 세고 자기중심적이며, 영혼 깊은 곳까지 자신과 자신의 일에 대한 확신을 지닌 채 서로에게 애착을 느끼고 경탄했으니, 그야말로 서로 사랑했다. 둘 중 누구도 상대방에 대한 자신의 권한을 포기하려 하지 않았고, 둘 다 밀접한 협업을 계속하기를 원했다. 처음 몇 달 동안 그들은 이런 협업을 농담 삼아 '우리의 행복한 결혼 생활'이라 불렀으며 그때의 신뢰를 어떻게든 되찾으려 했다. 특히 처칠은 굽히지 않는 고집스런 매력으로 노인을 자기편으로 얻으려 애썼고, 매번 결국은 자기편으로 되돌려 세웠다고 믿으면서, 피셔가 이렇게 순간적으로 허약해진 일이 나중에 그를 더욱 화나게 만들어 악감정과 복수심으로 가득 채우리라는 것을 알아채지 못했다. 5월 15일 토요일에 피셔의 인내심이 한계에 도달했다. 피셔는 거의 모욕적인 방식으로 사직을 선포하고는─"더는 당신의 동지로 있을 수가 없소"─작별 인사도 없이 해군부를 떠났다. 이제 어떤 말도 먹히지 않는 상태에서 그는 보수당 지도부에 자신이 직접 사직했음을 알렸다. 그는 자기가 이렇게 행동하면 정부에 위기를 초래할 것이고, 처칠을 추락시킬 것임을 알고 있었다. 특이하게도 처칠은 그것을 몰랐다. 그는 전쟁 지휘에 너무 열중해서 그 사이 영국 정계에서 무슨 일이 일어나고 있는지 주목조차

하지 않았다. 그가 전쟁을 지휘할 수 있는가, 그럴 수 없는가
는 전적으로 영국의 정치 상황에 달린 일이었다.

1915년 2월에 애스퀴스가 이끄는 자유당 정권의 위상은 급
격히 나빠져 버렸다. 서부전선 전쟁은 실망을 불러왔다. 다르
다넬스 기획은 더는 진전이 없을 게 분명했다. 언론은 탄약 보
급에서의 무거운 실책들을 폭로했다. 게다가 이제 저 유명한
피셔의 극적인 사임까지, 결국 그것은 통의 물을 넘치게 만드
는 마지막 한 방울이었다. 보수당원들은 최후통첩을 해 왔다.
연립정부를 세우든지 아니면 의회에 불신임안을 내겠다. 애
스퀴스와 로이드 조지는 이 순간에 의회에서의 다툼은 파국으
로 끝날 수밖에 없을 것임을 분명히 보았다. 그래서 연정聯政을
택했다. 하지만 그것은 (여러 가지 다른 일들과 더불어) 처칠
의 희생을 의미했다. 누구나 알다시피 그는 보수당원들에게는
'참아 줄 수 없는' 사람이었으니까.

피셔는 토요일에 물러났다. 처칠은 아무것도 모른 채 새로
운 해군참모부를 짜느라 일요일을 보냈다. 그가 월요일에 새
로 임명할 사람들의 명단을 들고 찾아가자 애스퀴스가 말했
다. "너무 늦었소." 훨씬 더 근본적인 작업이 필요한 상황이니,
곧 개각을 해야 한다는 것이었다. "당신을 어찌할까요?"

처칠은 이 1915년 5월 17일을 절대로 잊지 않았다. 그의 신
인 운명이 자기를 농락한 날이었다. 애스퀴스가 그에게 "당신

을 어찌할까요?"라고 말하는 순간, 자기가 위험하다는 최초의 경고가 나왔고, 동시에 자기가 패배했다는 깨달음도 번개처럼 함께 나타났다. 그 충격은 끔찍했다. 그가 아직도 제정신을 찾으려고 애쓰는 동안 문에서 노크 소리가 나더니, 해군부에서 보낸 심부름꾼이 등장했다. 독일 함대가 출발했으니 장관께서 곧바로 업무에 복귀하시라는 전갈이었다.

이날 저녁과 밤을 처칠은 지도 탁자 앞에서 제독들과 함께 영국 함대를 지휘하면서 보냈다. 모스 부호가 들어오고 나가는 동안, 그는 자신이 쫓겨난 장관과 역사상 최대 해전에서의 승리자가 되는 꼴을 번갈아 보았다. 아직은 모든 것이 열려 있었으니, 그는 운명을 믿었다.

다음 날 아침 모든 것은 끝났다. 독일 함대는 방향을 돌렸고, 위대한 해전은 나중에 드러난 것처럼 — 정확하게 1년 정도 뒤로 미루어졌다. 처칠은 몰락했다. 후임 해군장관은 바로 이전의 보수당 총리이던 아서 밸푸어였으니, 처칠이 11년 전에 등을 돌린 사람이기도 했다. 처칠은 다시 '랭커스터 공작령의 총리'가 되었으나 별 의미가 없는 한직이었다. 애스퀴스는 또한 보수당원들과의 협상 끝에 처칠을 새로 구성된 '다르다넬스 위원회'의 7인 위원 중 한 명으로 만들었는데, 거기서 그는 이른바 피고석에 앉은 꼴이었다. 더는 명령권을 갖지 못했고, 거의 영향력도 없었다. 그에게 경탄하는 충실한 추종자이던 바이올렛 애스퀴스*가 그를 위로하려고 했지만, 그냥 무너져 버린 사내를 보았을 뿐이다. 그는 자기를 추락시킨, 경탄하면서도 두려워했던 피셔에 대해 욕 한마디도 하지 않았다. 그냥 "난 끝났어, 끝났다고" 하는 말만 몇 번이고 되풀이했다.

그 여름은 끔찍했다. 뒷날 처칠은 당시 갑자기 수면으로 끌려 올라와서 머리가 터질 것만 같은 심해어가 된 기분이었노라고 회고했다. 엄청난 긴장, 거대한 결정들, 책임감이라는 지속적인 압력에 길들어 있다가 이 압력이 갑자기 사라졌는데, 자기는 그런 압력이 없이는 살아가는 법을 이미 잊었다는 사실을 깨달았던 것이다. 다르다넬스 위원회 위원이라는 것이 사태를 더욱 나쁘게 만들었다. "나는 모든 것을 알았지만 할 수 있는 게 아무것도 없었다."

처칠은 이 여름에 그림을 그리기 시작해서 자신을 구원했다. 그때까지 자신도 몰랐던 그림 재능이 삶의 위안이 되었으니, 다시는 포기하지 못하는 일종의 마약 또는 약품이 되었다. 하지만 그 사이 전쟁은 계속되었다. 일요화가로서 이 전쟁 기간을 보낼 것인가? 그의 영적인 힘들이 천천히 줄어들고 있을

■ Violet Asquith;Violet Bonham Carter(1887~1969): 처칠의 이성 친구로서 오랜 우정을 나눈 정치가이자 작가. 총리 허버트 애스퀴스의 딸이며 배우 헬레나 보넘 카터의 할머니로도 잘 알려져 있다.

장군 존 프렌치 경.

때 내면에서 새로운 환상적인 계획이 만들어졌다.

그는 자신이 정치가이며 장관으로는 실패했다는 것을 분명히 알았다. 연정이 계속되는 한― 그리고 전쟁 기간은 그렇게 지속될 것으로 계산해야만 하는데― 컴백은 생각할 수도 없었다. 보수당원들이 그를 너무나 미워했다. 하지만 자기는 장교가 아니었던가? 그리고 장교가 되면 전쟁에서 선봉에 설 수 있지 않은가? 아마 자신의 가장 큰 실수는 내각의 장관으로 나폴레옹 노릇을 하려 했던 일인 듯했다. 나폴레옹은 장교였는데 말이다.

처칠은 15년 전에 그냥 육군 소위로 제대했다. 하지만 그 사이 해군장관을 지냈고 전쟁에서는 여러 계급을 뛰어넘을 수도 있다. 그를 좋아하지 않던 키치너조차도 안트베르펜 시기에 그가 꼭 원한다면 즉석에서 그를 소장으로 임명하는 것에 반대하지 않았다. 어쨌든 그렇게 되지는 않았지만, 당시에 가능했다면 지금 안 될 게 무언가? 프랑스에 주둔한 영국군 사령관은 옛 친구인 존 프렌치John French였다. 그는 적어도 1개 여단 정도는 내줄 것이다. 무엇이든 빛나는 개별 작전을 펼치기에는 그것으로 충분하다. 그런 다음엔 사단, 군단, 누가 알겠는가, 언젠가는 어쩌면 사령관이 될지.

전에도 이미 그는 이런 생각을 해 본 적이 있었다. 애스퀴스는 안트베르펜 작전 직전에 이렇게 기록했다. "윈스턴이 찾아

프랑스의 33군단에서, 1915년 프랑스.

와 한참 머물렀다. 그는 갑자기 매우 친근한 태도로 자신이 미래를 인습적이지 않은 방식으로 내다본다고 맹세했다. 자신이 피 맛을 본 호랑이 같다고 느낀다면서 가까운 장래에 혹은 나중에, 하지만 차라리 가까운 장래에 현재의 장관직을 내려놓고 어떤 군사 지휘권을 차지하고 싶다고 했다. 그가 해군부에 없어서는 안 되는 사람이라고 내가 대답하자, 거기서는 이제 제대로 할 일이 더는 없다는 것이다. 우리의 우위가 이미 확보되어 있으니, 모든 것이 저절로 굴러갈 것이라나. 그러다가 키치너의 새 육군을 보고는 지금 그의 입에 군침이 도는 것이다. 이런 '빛나는 지휘권'을 25년도 더 전의 훈련 말고는 달리 배운 것도 없는, '군사적 평화기의 평범한 훈련으로 분해되고 녹슬어 버린', 관棺에서 파낸 완고한 노인들에게 맡겨야 하나? 운운. 대략 45분 동안이나 그는 이렇게 악담과 욕설을 폭포처럼 쏟아 냈는데, 나로서는 속기사가 옆에 없다는 것이 진짜 유감이었다. 즉흥적인 달변 몇 가지는 그야말로 돈을 주고도 살 수 없는 것들이었다. 하지만 그것은 4분의 3만 진심이었다."

그게 1년 전의 일이었다. 이제 그것은 온전히 진심이 되었다.

11월에 다르다넬스 작전의 청산이 최종적으로 결정되자 그는 위대하고도 기품 있는 태도로 하원에 작별 인사를 고했다. 자기는 이제 '다른 봉사'를 할 것이란다. 사흘 뒤에는 육군 소령 자격으로 군대에 복귀하여 프랑스로 출발했다.

그것은 서글프게 실패한 기획이 되었다. 프렌치는 그에게 1개 여단을 약속했지만 그 자신이 마침 총애를 잃기 시작한 처지라 더는 아무것도 관철시킬 수가 없었다. 육군이 처칠에게 제공할 수 있는 최고의 것은 육군 중령으로 대대장 자리였다. 그러니까 그는 이제 평범한 전방 장교가 되어, 질척한 플랑드르의 참호 속에서 이蝨를 잡는 전투를 수행하는 게 고작이었다. 다른 전투는 그의 손에 들어 있지 않았다. 그것 말고도 처음에 그가 소속된 엄격하게 보수적인 근위 연대의 영접은 얼음장보다 더 차가웠다. 그곳에서는 경박한 정치가이자 계급의 배신자를 위해 남겨진 게 없었고, 그는 그것을 느낄 수밖에 없었다.

처칠은 다른 사람보다 못한 전방 장교는 아니었다. 용기는 한 번도 부족한 적이 없었고, 유머 감각도 있었다. 목숨을 위협하는 일에서 뒤로 물러난 적이 없고, 겨울철의 진흙투성이 참호 속의 가혹한 삶도 그를 놀라게 하지 못했다. 다만 전체 기획의 결핍과 자기가 잉여의 존재라는 사실이 오래 감추어질 수는 없는 노릇이었다. 자기는 여기서 대체 무엇을 하고 있나? 수많은 다른 사람들처럼 둔감한 참호의 일상에 자신을 소모해서 이룰 수 있는 게 대체 무어란 말인가? 아주 정직하게 보면 그가 재능을 파묻고 있다는 것을 인정하지 않을 수 없었다.

거기 덧붙여서 그의 상황이 잘못된 것임을 거듭 따끔하게 알려 주는, 특별한 종류의 굴욕도 나타났다. 전방을 시찰하러

온 의원들과 외교관들은, 영국군 참호에서 공짜로 구경할 수 있는 추락한 유명 인사의 소식을 듣고는 이 놀라운 구경거리를 보러 오곤 했다. 그보다는 오히려 그를 자기들에게로 부르곤 했다. 한번은 이런 소환이 그의 목숨을 구했다. 그가 마침 그렇게 명령을 받아 참호를 떠나 있을 때 포탄 하나가 정확하게 참호에 명중했던 것이다. (벌써 여러 번이나 나타났던 운명의 손짓일까? 자기는 아직도 무언가를 위해 필요한가? 그러니까 운명은 아직 자기를 잊지 않은 걸까?) 그렇긴 해도 자기가 더 위는 아니라도 어쨌든 대등하게 교류하던 사람들 앞에서 차렷 자세를 하고 서 있는 것은 괴로운 일이었다. 괴롭고도 실은 그야말로 불필요한 일이었다.

반년이 지난 다음 처칠은 휴가를 이용해서 의회에서 연설을 했다. 이 연설에서 그는 자기 후임자인 해군장관에게 피셔 경을 도로 불러들이라고 추천해서 모두들 고개를 가로저으며 흥분하게 만들었다. 몇 달 뒤에 결국 그는 다시 제대했다. (이번에는 전쟁 동안 다시는 장교직에 지원하지 않는다는 조건을 달아서 매우 못마땅하게 이루어졌다.) 런던으로 돌아와서 그는 다시 하원의 자기 자리에 앉았다. 영광스러운 귀환은 아니었다.

전쟁은 계속되고 시간은 흘렀다. 처칠이 3년 동안 그야말로 혼신의 힘을 다하여 영국 함대를 준비시켜서 대비한 위대한 해전이 벌어지긴 했지만, 무승부로 끝났다. 처칠은 그것과는 아무 상관도 없었다. 애스퀴스 정부는 무너졌다. 로이드 조지가 총리가 되었다. 그의 정부에 처칠을 위한 자리는 없었다. 보수당 대표인 보너 로^{Bonar Law}는 단호하게 거부권을 행사했다. 1917년이 되었다. 유보트[•]로 인해 영국이 패배할 위기에 처하고, 미국의 참전, 러시아의 3월 혁명, 프랑스의 폭동, 끝도 없는 플랑드르 전투가 이어졌다. 이 모든 일이 벌어지는 동안 몰락한 처칠은 그냥 구경꾼이었다. "나는 모든 것을 알았지만 할 수 있는 게 아무것도 없었다." 그렇게 계속되었다. 그는 마음을 진정시키려고 풍경화를 그리고, 이따금 하원에서 연설을 했다. 그는 고통을 겪었다. 그가 당시 몰랐고 오늘날 우리가 아는 사실은, 이게 끝이 아니었다는 점이다. 실패하여 쫓겨난 사람 눈앞에는 끝없는 사막이 펼쳐져 있었다.

■   U-Boot. 1, 2차 세계대전 때 사용된 독일의 대형 잠수함을 통틀어 이르는 말.

CHURCHILL

5   반동주의자

처칠이 빠져든 심연에서 한 번 더 나올 수 있었던 것은 옛날 친구이자 라이벌인 로이드 조지의 덕이었다.

로이드 조지에게도 이번 구조 행동은 쉬운 일이 아니었다. 그는 매우 위험한 고등 게임을 펼쳤고, 그 결과 6년 뒤 그 자신이 항구적인 추락을 맞이한다. 로이드 조지는 1916년에 자신의 옛날 보스인 애스퀴스를 총리직에서 쫓아내면서 자신의 정당인 자유당을 쪼개서 더 큰 부분을 야당으로 만들었다. 애스퀴스의 연립정부에서 자유당은 우세한 정당이었다. 로이드 조지의 연립정부에서 자유당은 4분의 1에 지나지 않았고, 4분의 3이 보수당이었다. 그 자신은 바로 얼마 전까지만 해도 보수당원들을 화나게 만드는 존재였다. 그런 그들의 도움을 받아 거의 6년 동안 정부를 이끌어 간 것은 그야말로 현기증 나는 대가의 업적이었다. 그러니 보수주의자들에게서 당시 그들의 철

천지원수인 정당 배신자 처칠이 각료 승인을 받는 것은 불가능한 일로 보였다. 어쩌면 바로 그래서 이것이 '웨일스의 마법사'의 마음을 자극했던 것인지도 모른다. 바로 그래서, 그리고 처칠이 실제 개인적으로도 더욱 강해진 것을 보았기 때문인지도 모른다. 처칠은 유일하게 자기와 정신적으로 비슷하고, 영국 정치인으로는 유일하게 지옥의 불길을 지닌 사람이었으니 말이다. 처칠을 자기편으로 삼고, 그것도 어쩔 수 없이 자기에게 완전히 의존할 수밖에 없는 위치에 두고서 처칠이 지닌 발상의 풍부함과 에너지를 자기 마음대로 이용하는 것 ─ 이것은 로이드 조지에게 애쓸 가치가 있는 일이었다.

1916년 12월에 연립정부가 결성되었을 때 그것은 불가능한 일로 드러났다. 보수당 대표인 보너 로는 단단하고 무뚝뚝한 사내로 베어 넘길 수도, 설득할 수도 없었다. 로이드 조지는 보너 로와 이야기를 하면서 그가 이미 여섯 번이나 거듭 'No'라고 대답하고 난 다음에 이렇게 말했다. "좋소, 당신은 그를 믿지 않는군요. 그래도 남은 질문은, 그를 당신 편에 두고 싶은 거요, 아니면 적으로 두고 싶은 거요?" "항상 적으로 두고 싶소"라고 로가 대답했다. 로이드 조지는 일단 처칠을 포기하는 수밖에 없었다.

그런데도 그는 반년이 지난 1917년 7월에 아무한테도 물어보지 않고 처칠을 불러왔다. 로이드 조지는 그 사이 자신을 꼭 필요한 사람으로 만들었으니 그쯤은 할 수 있다고 여겼다. 하지만 여전히 거의 며칠 동안이나 고함 소리가 계속되면서 내각의 위기까지 겪었다. 로이드 조지는 뒷날 전쟁에 대한 회고록에서 이렇게 적었다. "그들[보수당원] 중 몇 명은 전쟁 전체보다도 처칠의 임명에 더욱 흥분했다. 천재가 평범한 사람들 사이에 불러일으키는 생생한 불신의 모든 국면을 이렇듯 집중된 형태로 관찰하는 일이 퍽이나 흥미로웠다. 유감스럽게도 천재는 자신을 비판하는 사람들에게 언제나 손수 탄약을 마련해 주곤 하는데— 이는 과거에도 그랬고 앞으로도 그럴 것이다. 처칠도 예외가 아니었다."

다음의 구절은 처칠에 대해 발언된 것 중에 가장 예리한 눈길을 지닌 사람의 발언이다. 이것은 또한 그 말을 한 사람에 대해서도 많은 것을 알려 준다. 로이드 조지는 처칠이 어째서 그토록 악에 받친 적들을 많이 가졌으며, 진짜 추종자는 단 한 명도 갖지 못했는지, 또한 '사조직'을 거느리지 못했는지도 알려 준다. "그의 빛나는 재능과 개인적인 열광의 능력을 두고 다투는 사람은 아무도 없었다. 용기, 지치지 않는 노동의 능력, 모든 것을 다 인정한다……. 당적을 바꾸었다는 것만으로 모든 게 설명되지는 않는다……. 처칠의 적들은 자주 이렇게 묻곤 했다. 이렇게 널리 퍼진 불신의 이유가 무엇인가? 하고 말이다.

여기서 그들의 설명은 이렇다. 그의 정신은 강력한 기계와 같지만, 무언가 감추어진, 알려지지 않은 결함을 갖고 있다. 이 기계는 이따금 갑자기 잘못 작동하는데 ― 그들 자신도 어디가 잘못인지 말할 수는 없다. 하지만 그런 일이 생겨서 이 기계가 잘못 작동하는 날이면, 그 결과는 그 자신만이 아니라 그 일 자체와, 일을 함께 한 동지들에게까지 파괴적으로 작용하게 된다. 그것이 그들을 그토록 예민하게 만든다는 것이다. 그들 말로는, 그가 어딘가 자재資材 결함을 지니고 있다는 것이다. 이건 매우 슬픈 일이지만, 그의 대단한 능력을 차라리 쓰지 않는 편이 더 낫다는 이유로는 충분하다. 그들의 눈에 그는 위기의 순간에 보편적인 이념이나 에너지 자본을 강화해 주는 존재가 아니라, 오히려 차라리 피해야 할 추가 위험이었던 것이다.

나 자신은 이것을 다르게 보았다. 그의 발상의 풍부함, 그리고 지치지 않는 에너지는 내게는 이루 말할 수 없이 소중했다. 단, 감독을 받는다는 조건 아래서 말이다."

정말로 처칠은 1917년부터 1922년까지 가장 에너지가 넘치던 5년 동안 다시 고위 관직을 맡고 대단한 업적들을 세울 때, 완전히 자기 자신이 아니라 로이드 조지의 그림자 같은 존재였다. 그는 곧바로 로이드 조지의 가장 가치 있는, 가장 친근한 협력자가 되었지만, 어디까지나 그의 협력자였을 뿐이다.

최종 결정은 언제나 로이드 조지가 내렸다.

여러 해가 지나 이런 협력 관계가 깨지고, 처칠은 다시 보수당 장관이 되고 로이드 조지는 힘없이 고립된 야당 정치인이 되었을 때 화해의 만남이 이루어졌다. 로이드 조지가 재무장관 처칠을 찾아왔다. 이 만남은 꽤 오래 계속되었다. 로이드 조지가 떠나고 나서 처칠의 개인 비서(나중에 이 이야기를 들려준)가 서명을 받을 서류철을 들고 들어갔을 때, 처칠이 벽난로 앞에서 깊은 생각에 잠겨 있는 것을 보았다. 처칠은 비서를 올려다보며 이렇게 말했다. "이상하군. 45분도 채 지나지 않았는데. 옛날 관계가 되살아났어." 그런 다음 젊은 조수를 화들짝 경직시킨 이상한 눈길을 하고 이렇게 말했다. "주인과 종의 관계 말이지."

이 시기는 여러 관점에서 처칠의 생애에서 빛나는, 가장 업적이 풍부한 시기였지만, 동시에 처칠이 가장 자신답지 않은 시기이기도 했다. 그는 "감독을 받고" 있었고 다른 사람에게 봉사했다. 그것도 동시대인 중에서 유일하게 그 빛이 밝아서 처칠 자신의 빛을 가릴 수 있을 정도의 사람에게 말이다. 그는 휴전이 될 때까지 군비장관이었고, 이어서 2년 동안 전쟁부와 공군장관, 다시 2년은 식민장관이었다. 이 모든 직위에서 그는 이전의 직위에서도 그랬듯이 자신의 능력을 입증했다. 처칠은 언제나 뛰어난 전문가 장관이었다. 발상이 풍부하고 행동력이 있었고(비록 동료들의 영역을 침범하려는 성향을 살짝 드러냈지만), 그의 재임 기간은 거의 언제나 역사적으로 중요한 업적과 연관된다. 예를 들어 군비장관으로서는 탱크의 대량생산을 승인했고, 전쟁장관으로서는 전시체제 해제 계획들로 재빠르고 완벽하게 전환했으며, 이로써 문자 그대로 마지막 순간에 대형 폭동 사태를 막았다. 또한 식민장관으로서는 중동의 평화와 아일랜드 해방에 중요한 관여를 했다. 이 모든 것은 힘들고도 소중한 일로서 유능한 사람만이 해낼 수 있는 업적이지만, 그런데도 어딘지 개성이 없는 수작업이었을 뿐이다. 그가 로이드 조지에게 봉사하면서 와해된 세계가 회복되도록 열성적으로 돕고 또 그 사이로 어느 정도 지배도 하는 동안, 처음에는 아마 그 자신도 의식하지 못했겠지만 내면에 불안과 원한이 점점 쌓였다. 1922년 10월에 로이드 조지가 실각할 때 처칠도 함께 장관직에서 밀려났다. 하지만 그는 내면에서 이미 보스와는 분리되어 있었다. 로이드 조지는 다시는 돌아오지 못했다. 모두가 놀란 일이지만, 처칠은 2년 뒤에는 벌써 다시 장관이 되었다. 보수당 정부의 장관이었다.

거의 제 눈을 믿기가 어려울 지경이다. 모든 선량한 보수당원의 화를 돋우던 정당의 배신자가 겨우 2년 만에 도로, 이번에는 여당이 된 보수당의 당원, 의원, 장관, 재무장관이라니!

이것은 처칠이 동원한 믿을 수 없는 술수, 그야말로 목이 부러질 듯 위험한, 실은 불가능한 곡예 기술이었는데— 처칠이 내면으로는 이미 여러 해 전부터, 특히 최근에는 더욱 보수당 쪽으로 추파를 보내곤 했다는 것만으로는 쉽사리 설명하기 힘든 일이다. 로이드 조지는 언젠가 날카로운 대화 중에 아주 사나운 명료함으로 그에게 이렇게 경고한 적이 있었다. "조심하시오, 윈스턴! 침몰하는 배에서 쥐가 빠져나갈 수야 있겠지. 하지만 만일 그 배가 침몰하지 않는다면 거기 다시 올라탈 수는 없을 거요." 하지만 이 특별한 쥐는 도로 올라탈 수도 있음을 입증했다.

물론 두 번째 정당 바꾸기는 처음처럼 그렇게 쉽지는 않았다. 처칠은 하원에서 옛날처럼 무심하고도 당당하게 이편에서 저편으로 걸어갈 수는 없었다. 1922년 말부터 1924년 말까지 2년 동안 그는 하원에 들어가지도 못했다. 그 사이 치러진 세 번의 선거에서 세 번 다 다른 선거구에서 떨어졌던 것이다.

낡고 경직된 영국의 양당제가 이 시기에 붕괴 현상을 보였다는 것이 그에게 약간 도움이 되었다. 1918년 이후로 새로운 세계가 열렸고, 그것은 영국의 국내 정치에서도 마찬가지였다. 자유당은 분열되어 희망 없이 약화되었다. 그들보다 좌파인 노동당이 새로운 대중정당이 되었다. 로이드 조지가 실각하고 연립정부가 무너진 다음 보수당도 한동안 분열 위기를 겪었다. 그들 중 가장 유능한 사람들 일부는 연정에 길들여져서 연정을 계속하려고 했다.

처칠은 한 걸음 더 나아가, 로이드 조지의 자유당원들과 연정에 호의적인 보수당원들로 새로운 '중앙당'을 만들겠다고 떠들었다. 그가 진짜로 진지하게 그런 생각을 했는지 아니면 단순히 보수당원들을 겁주고 약간 윽박지르려 했던 것인지는 말하기 어렵다. 어쨌든 새로운 보수당 대표인 스탠리 볼드윈은 전임자인 보너 로와는 달리 이렇듯 역동적이고 위험한 사내, 없애 버릴 수도 없는 이 사내를 적으로 두기보다는 차라리 자기편에 두는 쪽이 덜 해롭겠다고 생각했다. 그래서 그에게 정당의 문을 열어 주고는, 1924년 12월에 보수당이 선거에서 승리한 다음에는, 재빨리 그에게 잘 어울리지 않는 높은 장관직을 내주었다. 그러자 중앙당 프로젝트라는 말은 쑥 들어갔다.

보수당이 이런 상황에서 마침내 처칠을 — 대단한 화해의 장면도 없이, 상당한 유보 조항과 속으로는 계속 적대감을 품은 채로 — 다시 받아들였다는 사정은 어쨌든 억지로 이해했다 치자. 하지만 처칠은 또 어째서 그토록 집요하게 그들에게 돌아오려 했던가?

분명한 기회주의를 못 볼 수는 없고, 미화하기도 어렵다. 1904년에 자유당만큼이나 1924년에는 보수당이 대세였다. 처칠은 당시나 지금이나 무조건 '대세'에 어울리고자 했다. 그

스탠리 볼드윈.

의 행동 욕구는 아직도 충족되지 않았는데, 힘없고 행동도 없이 야당에서 시들어 가는 것을 그는 평생 두려워했다. 그의 권력욕과 활동 의지는 유치하고도 무구한 가혹함의 요소를 띤 것으로, 마치 바로크 정치가처럼 언제나 지금 불어오는 바람에 맞추어 항해하는 것을 자신의 권리라고 속으로 느꼈다. 정당에 대한 충성심이나 시민 의원의 절대적·이념적 원칙주의는 근본적으로 그에게는 낯설었다. "자신을 개선하려는 자는 변해야 하고, 완전해지려는 자는 매우 자주 변해야 한다"라는 것이, 그토록 여러 번이나 관점과 입지를 바꾼 것을 두고 비난하는 사람에게 그가 이따금 던진 답변이었다.

그것은 아이러니를 담은, 심지어 비꼬는 말이었다. 하지만 이번에는 처칠의 내면에서 진짜 변화가 있었다. 그리고 두 번째 정당 바꾸기가 첫 번째 경우보다 덜 기회주의적 요소를 지녔다(물론 여전히 기회주의이긴 했지만). 한때의 과격주의자가 이제는 아주 분명하게 반동주의자가 된 것이다. 그를 넘어뜨려 마음을 바꾸게 만든 사건은 러시아의 볼셰비키 혁명이었다.

처칠이 진짜 '좌파'였던 적이 있었나? 진짜 과격분자였던가? 실제로 과격분자였고 처칠과 더불어 한동안 좌파 과격주의를 두고 경쟁을 벌였던 로이드 조지는 한 번도 그렇게 생각하지 않았다. 그에게 처칠은 언제나 내면으론 토리당원이었다. 그리고 아마도 그의 날카로운 눈길이 잘못 보지는 않았을 것이다. 처칠의 과격주의는 위대한 사내가 지닌 너그러운 젊은 시절의 변덕이었다. 그는 멍청하고 오만한 계급 동지들을 화나게 하고 싶었고, 자기의 능력이 미치는 한 너그럽고도 부드러운 마음으로, 방금 발견한 가난한 사람들을 위해 무언가 하고 싶었다. 하지만 그 모든 것은 물론 자기가 위대한 주인이고, 자기가 기사처럼 그들을 위해 싸워 주는 가난한 사람들이 그냥 가난한 사람들로 남는다는 자명한 전제 아래서만 그랬다. 진짜 계급투쟁, 진짜 전복, 그 모든 피의 끔찍함을 지닌 채, 맨 하층계급이 맨 꼭대기로 올라가고 권력자들이 권좌에서 밑바닥으로 추락하는 진짜 사회혁명을 원한 것은 아니었다. 이 모든 일이 러시아에서 정말로 일어나자 처칠의 과격주의는 물거품처럼 꺼졌다. 그는 농부들의 폭동을 목격한 바로크 영주처럼 반응했다. 로이드 조지는 아이러니를 담아 이렇게 촌평했다. "그의 내면에 흐르는 공작 혈통이 러시아 대공들의 대량 근절에 맞서 벌떡 일어섰다." 젊은 시절 영국 귀족들의 오만함을 몸소 겪은 로이드 조지는 그런 '근절'을 훨씬 더 침착하게 바라볼 수가 있었다.

로이드 조지 내각의 전쟁장관 처칠은 1919년 러시아의 내전과, 잇따른 1920년의 러시아-폴란드 전쟁에서, 자신의 온갖 영향력을 동원하여 볼셰비키 러시아에 맞선 진짜 전쟁을 위해, 그러니까 반反볼셰비즘 십자군 전쟁을 위해 영국의 개입을 강화하고 "뱀을 요람에서 목 졸라" 죽이려고 노력했다. 알려져 있다시피 그런 노력은 무산되었다. 로이드 조지가 거기 반대했고, 전국의 여론도 반대했다. 1918년에 영국은 프랑스나 미국과 마찬가지로 약간의 병력을 러시아 해안에 상륙시키고, 러시아의 반혁명 장군들에게 마지못해 조금 도움을 주었을 뿐이다. 그런 개입은 볼셰비키 혁명 자체보다는(레닌이 주도하는데도) 오히려 혁명 세력이 독일과 맺은 특별평화협정에 맞서기 위한 것이었다. 그들은 어떻게든 독일의 동부전선을 되살리고 싶었을 뿐이고, 그게 다였다. 독일에 대항한 전쟁이 끝나면서 러시아의 반혁명에 대한 관심도 함께 끝났다. 그들의 전쟁 의지는 어차피 소진되었다. 길고도 끔찍한, 이제 겨우 다행스럽게 끝난 대對독일 전쟁에 이어, 단순히 러시아 볼셰비키에 대한 반감에서 러시아에 맞서 새로운 전쟁을 또 하다니, 맙소사! 이런 생각은 전쟁을 위한 전쟁을 원하는 사람, 지치지 않는 전사, 전쟁 애호가나 할 수 있는 일이었다. 처칠이 개입 주장을 펼쳐서 달성한 것이라고는 결국 자신이 그런 전쟁 애호가라는 평판을 얻었다는 것이다.

아주 틀린 말도 아니다. 그는 정말로 전쟁의 사람이었고, 그의 동향인들은 그 사실을 올바르게 알아챘다. 1914년을 전후해서도 분열된 감정으로 이미 그것을 느꼈다. 하지만 특히 이번 경우는 단순히 전쟁과 전쟁 기술에 대한 그의 타고난 기쁨만이 아니라 더욱 원천적인 어떤 요소가 그를 몰아갔다. 그것은 진짜 두려움, 진짜 증오심이었다. 자신과 전 세계에 닥친 이루 말할 수 없는 위험, 두렵고도 끔찍한 위험이라는 느낌이었다. 1918년에 처칠을 사로잡은 반볼셰비키 콤플렉스는 수십 년이 지나도록 사라지지 않았다.

"볼셰비즘은 독일 군국주의보다 훨씬 나쁘다. 그리고 레닌과 트로츠키가 만들어 내는 전율은 저 독일 황제가 책임져야 할 모든 일보다 비할 바 없이 더욱 끔찍하고 거대하다." 그는 1919년 4월에 이미 이렇게 설명했다. 이것은 영국의 대중이 황제를 교수형에 처하고 싶어 하던 시기에 나온 말이다. 그리고 1년 뒤에는 절박하고도 비난에 찬 어조로 로이드 조지에게 이렇게 써 보냈다.

휴전 이후로 나의 정책은 아마 '독일 국민과는 평화를, 볼셰비키 독재에 맞서서는 전쟁을'이라고 표현할 수 있을 것 같은데요. 의도적으로든 또는 피할 수 없어서든 당신은 정확하게 그 반대 노선을 취했지요. 나는 그 어려움을 이해하거니와, 당신의 능숙함과 대단한 개인적 힘도 알기에—두 가지 모두 나 자신이 지닌 것보다 훨씬 큰데— 당신의 정책과 행동 방식을 두고, 마치 나나 다른 사람

누구라도 당신보다 더 잘 처리했을 것처럼 판단하려는 것은 아닙니다. 하지만 지금 그 결과가 우리 앞에 보입니다. 끔찍한 모습이네요. 전체적인 붕괴가 다가오고 유럽과 아시아에 무정부주의가 퍼지고 있어요. 러시아는 이미 붕괴했고. 그 나라에서 남은 것은 이 치명적인 독사들의 손아귀에 들어가 있지요. 하지만 독일은 어쩌면 아직 구할 수 있을지도 모릅니다…….

20년 뒤에 처칠은 그 무시무시한 욕설 능력으로 유명해졌다. 그가 마치 채찍처럼 히틀러와 무솔리니의 얼굴 위로 내리치는 그 두려운 말들이 세상으로 퍼졌다. 하지만 그것은 언어 폭력적인 분노의 최초 폭발은 아니었다. 처칠이 1920년 무렵 볼셰비스트에 대해 했던 말들이 이미 정확하게 그런 표출이었다. 볼셰비즘은 사나운 "원숭이 연극"이며, 레닌과 트로츠키는 "칙칙하고 질척한 자들이라. 저들 범죄의 그 엄청난 규모로도 관심을 불러일으키지 못한다. 수백만 명을 학살하고 또 다른 수백만 명을 비참하게 만들었지만. 윤곽 없이 찌푸린 낯짝과 이국적인 이름을 미래 세대가 기억하게 만들 수도 없는 자들"이란다. 이는 기교적 형식으로 주조된 원천의 증오다. 말이 사람을 죽일 수 있다면, 이런 말들은 치명적이었을 것이다. 실제로 이런 말들은 바람에 실려 불어 갔다가 말한 사람에게로 되돌아왔다. 영어를 쓰는 사람들 귀에 — 보수적인 사람이라도 — 이런 말들은 불건강하고 과장되고 열 오른, 신경질적인 소리로 들렸다.

처칠이 저도 모르는 사이 자신의 볼셰비키 증오를 외교 정책에서 국내 정책으로 바꾸려는 경향을 보이자 더욱 그렇게 되었다. 그런 정책의 일부는 당시 강력한 힘으로 떠오르던 새로운 노동당을 겨냥했다. 사회주의자와 공산주의자, 공산주의자와 볼셰비키들 — 그는 의도적으로 이들의 차이를 없애고 모든 것을 동일한 것으로, 모든 것을 동일하게 치명적인 질병의 일부로 보았다. 이제야 처칠이 항거할 수 없이 보수주의자로 되돌아간 이유를 이해할 수가 있다. 1924년 초에 노동당은 처음으로 선거 결과 가장 강력한 정당으로 부상하고, 자유당이 아직은 결정적인 역할을 했는데, 이는 처칠에 따르면 "위대한 국가들이 흔히 전쟁에 패배한 다음에 겪는 국민적 불운"이었다. 보수당원들은 적어도 그런 일은 절대로 하지 않을 테니까!

1차 세계대전 이후 시대의 특징인바, 러시아에서 볼셰비키 혁명의 성공과 서유럽에서 사회민주주의 노동당의 부상에 대한 처칠의 반동이, 유럽 대륙에서 시민계급의 반동과 광범위하게 동일한 것이라는 점을 간과할 수는 없다. 이 시기에 대륙에서의 반동은, 한 나라씩 차례로 파시즘과 파시스트가 주도하는 반혁명이라는 결과로 이어졌다. 그리고 20년 뒤에 이들

유럽의 파시즘을 목숨 걸고 몰아내는 것이 처칠의 운명이자 그가 지닌 역사적 역할이었다. 하지만 20년대에 그것을 예언한 사람이라면 당연히 비웃음을 샀을 것이다. 그보다는 오히려 당시의 처칠은 유럽 파시즘의 가장 위대한 국제적 지도자가 되어 피의 승리로 이끌어 갈 만한 사람이라고 생각할 수가 있었다. 그는 사회주의 배신자인 무솔리니와 천박한 속물 히틀러보다 이 역할에 더욱 잘 어울렸다. 이는 절대 과장도 부당한 주장도 아니다. 사태 자체만으로 보자면 20년대의 처칠은 파시스트였다. 다만 그가 영국인이라는 사실이 그에게 그런 이름을 붙이는 것을 막았던 것뿐이다.

하지만 처칠이 기대와 희망을 걸었던 영국의 보수당원들은 전혀 다른 생각을 품고 있었다. 처칠은 그들이 영국 의회정치라는 문명화된 방법을 동원해서라도 어쨌든 성공적인 계급투쟁을 수행하여, 저 이탈리아 파시스트들이 이탈리아 사민당을 몰아냈듯이, 위협적으로 부상하는 노동당을 몰아낼 것이라 기대했다. 하지만 영국 보수당원들은 전혀 다른 생각을 품고 있었다. 화해, 적응, 충족시키기 등을 생각했다. 그들은 전쟁 기간에 그리고 전후에도, 대륙의 시민계층과는 정확하게 반대로 반응했던 것이다. 쇼크로 반응하지 않고 신중한 태도로 반응했다. 영국 보수당은 이들 새로운 세력들과 공평한 게임을 해서 그들을 길들이기로 작정했던 것이다. 그래서 영국의 보수주의자들은 파시스트가 되지 않고 유화 정책을 쓰게 되었다. 우선 국내 정책에서 말이다.

그들은 처칠로서는 두렵고도 이해할 수 없는 방식으로 그의 곁을 스쳐 지나가면서 그가 추구하는 전쟁을 거듭 피했다. 그들의 목적 — 한 번도 선포된 적은 없지만 늘 끈질기고도 조용히 추진된 — 은 새로 등장한 노동당의 절멸을 지향하지 않고, 노동당을 영국의 체제에 적응시켜 체제 안에 끼워 맞추고 조정과 장기 타협을 거쳐서 결국은 다시 옛날의 양당 체제를 복구하려는 것이었다. 그렇게 되면 노동당은 옛날 자유당의 역할을 하게 된다. 우리는 이런 목적이 성공적으로 달성되었음을 안다. 그게 영국에 무조건 최선책이었느냐는 또 다른 문제다. 어쩌면 영국은 그를 통해 꼭 필요한 혁명을 기만적인 방식으로 없앤 것이 아니냐를 두고 오늘날까지도 궁리 중인 것 같다. 하지만 물론 그것이 처칠이 보수당 정책에 반대한 부분은 아니었다.

처칠은 사회주의자들을 동화시킬 수 없는 존재로 보고, 실질적인 내전이 불가피하다고 여겼는데, 이것은 1890년 독일에서 비스마르크가 가졌던 생각과 비슷했다. 처칠은 비스마르크만큼이나 고립되어 아무런 성과도 없이 남아 있다가 마지막에는 어느 정도 웃음거리가 되었다. 그가 자신이 패배한 이유들을 이해하고 그 가르침을 명심했다고 말할 수는 없다. 그는

의회로 향하는 재무장관 처칠.

눈에 띄게 불쾌한 기분이 되어 강경해졌다. 1930년대에는 다시 보수주의자들과도 틀어졌다.

이 시기 보수당의 지도자는 스탠리 볼드윈이었다. 처칠은 그를 이해하지 못했고, 게임에서 계속 그에게 밀렸다. 볼드윈은 새로운 종류의 보수당 지도자였다. 귀족이 아니라 지방 출신으로 중산층 제조업자의 아들이었다. 그의 아버지는 노동자들과 개인적으로 알고 지내면서 사투리로 농담을 주고받던 사람이다. 스탠리 볼드윈은 계급투쟁이 아니라 계급 간의 평화를 믿었다. 그에게 영국 노동자들은 위험한 혁명분자가 아니고, 그냥 자기 아버지가 맥주 한 잔을 앞에 놓고 사투리로 농담을 주고받던 탐, 딕, 해리일 뿐이었다. 그는 토박이 영국인으로 파이프 담배를 피우고, 언뜻 보면 발음이 불명료했고, 조용한 약삭빠름을 지닌 온화하고 지혜로운 사람이었다. 그가 처칠을 당에 받아들이고 나서 맨 처음 한 일은 재무장관으로 만든 것이었다. 이는 총리 다음 두 번째로 중요한 엄청난 자리였다. 게다가 처칠의 아버지가 마지막 광채의 시기에 지녔던 자리이기도 했다. 처칠로서는 거부할 수가 없는 자리였다. 동시에 내각의 모든 직위들 중에서 처칠에게 가장 안 어울리는 자리이기도 했다. 처칠은 경제와 재정을 전혀 이해하지 못했는데, 모두가 그 사실을 알았고 그 자신도 알고 있었다. 그는 관료들의 손아귀에 잡히고 말 것이다. 온갖 아첨을 받고 존경도

받으면서 압도당해 외통수로 몰릴 것이다. 볼드윈이 원한 것이 바로 그것이었다.

처칠은 1925년부터 1929년까지 5년 동안 보수당의 재무장관 자리에 있었고, 이는 그가 그동안 재임한 그 어떤 장관직보다 더 긴 시간이었다. 해군부에서의 빛나던 시절조차 겨우 3년 반에 지나지 않았다. 재무장관 시절은 그렇게 빛나는 시기가 아니었다. 그는 그 안에서 쇠진해 부서졌다. 이 분야는 그의 관심을 끌지 못했다. 일은 관료들에게 맡겨 두고, 자신은 동료 장관들의 영역에 훈수나 두는 옛날 악습에 빠져들었다. 나아가 이 시기에 그는 장관이기보다는 작가였다. 세계의 위기를 다룬 다섯 권짜리 책이 이 5년 동안에 완성되었다. 이 책은 그 자신의 정치적 권력 박탈의 시간을 시작으로 삼는다. 이것은 1차 세계대전에 대한 처칠의 자기중심적인 관찰이지만, 가장 매혹적인, 믿을 수 없을 정도로 과감한 작품으로, 자서전과 역사, 개인적 변명과 전략적 비판을 완전히 성공적으로 융합한 작품이기도 하다. 늙은 아서 밸푸어는 신랄한 태도로 그것을 '우주 역사라는 가면을 쓴 윈스턴의 자서전'이라고 불렀지만, 그마저도 윈스턴 처칠에 사로잡히지 않을 수가 없었다.

처칠이 재무장관으로 재직하던 시기에 두 가지 중요한 사건이 일어났는데, 이 두 사건은 당시에는 별로 분명하지 않은 방식으로 서로 인과관계로 얽혀 있었다. 영국이 금 본위제로 되

돌아간 것과 1년 뒤인 1926년 5월의 총파업이 그것이다. 금 본
위제로 돌아간 것은 파운드화 평가절상의 효과를 불러와서 영
국의 수출에 엄청난 지장을 초래했고, 그것이 다시 임금 삭감
과 대량 해고 사태를 불러오면서, 그 결과 총파업이 일어났다.
파운드화 평가절상은 직접적으로 처칠의 관할에 속하는 것이
다. 당시 아직 젊은 학자로 아웃사이더였던 저 위대한 존 메이
너드 케인스John Maynard Keynes만 유일하게 그것을 비난했는데,
그는 이것을 두고 "처칠 씨의 경제적 성과"라고 말했다. 하지
만 그것은 공평하지 않다. 금 본위제로 돌아간 것은 내각의 결
정이었다. 모든 장관들, 관료들, 전문가들(케인스만 빼고)이
한목소리로 그것을 지지했고, 그 어떤 보수당 재무장관이라
도 그것을 실현시켰을 일이니, 그런 문제에 대해 아무것도 모
르는 처칠은 그야말로 그 시간에 우연히 재무장관 자리에 있
었을 뿐이다. 그것은 그의 개인적인 생각이 아니었다. 그는 별
특별한 생각이 없었으니 말이다.

　하지만 1년 뒤에 이어진 총파업 때는 달랐다. 이것은 며칠
동안은 그에게 사회주의 세력과 위대한 최후의 일전이 시작된
것으로 보였다. 그의 모든 투쟁 본능이 깨어났다. 하지만 볼드
윈은 이런 본능을 통제해서 해롭지 않게 만드는 방법을 알고
있었다. 그는 처칠에게 임시 정부기관지의 발행을— 모든 신
문들이 총파업으로 정지되었으니— 맡겨서 총파업 기간 내내

1926년 런던의 총파업.

그를 바쁘게 만들어 놓고, 자신은 파업하는 자들과 협상을 벌여서 열흘 뒤에는 파업을 해결했다. 나중에 그는 히죽 웃으면서 윈스턴을 이런 식으로 물리친 것이 자기 평생 가장 영리한 생각이었노라고 말했다. 처칠이 발행한 《브리티시 가제트》 *British Gazette*는 조직으로나 저널리즘 차원에서 1급의 걸작이었다. 그것도 아마추어 인력을 동원해서 제작된 신문은 처음에 0부에서 열흘 만에 200만 부가 나갔다. 동시에 사나운 욕설과 비방과 선동을 담은 신문으로, 영국 노동자들 사이에서만이 아니라 절도를 지키는 평화로운 영국 대중 사이에서도 처칠의 개인적 평판을 그야말로 0점 수준으로 끌어내린 것이기도 했다. 그것도 볼드윈에게는 완전히 불편한 일만은 아니었다.

영국 속담에 이런 것이 있다. "그에게 밧줄을 던져 주어라, 그러면 그는 거기 제 목을 매달 것이다." 이것이 볼드윈의 비밀 공식이었다. 그는 적들과 다투지 않았다. 그냥 그들에게 밧줄 하나를 던져 주고는 조용히 불쌍하게 여기며 그들이 스스로 제 목을 매다는 꼴을 지켜보았다. 그는 처칠을 배제하지 않고, 그에게 어울리지 않는 고위직을 주어서 (그리고 물론 언제나 섬세한 예의와 친절함으로 대우해서) 그의 정치적 몰락을 불러왔다. 그는 영국의 노동당에도 똑같이 행동해서 1931년 노동당 지도부와 대연정을 만들었을 때 최고 승리를 맛보았다. 그리고 간디가 이끄는 인도에도 같은 일을 했다. 당시 인도는 독립을 열망하고 있었다. 볼드윈은 그 무엇도 반박하거나 거부하지 않고, 이해심과 환대를 보이면서 협상하고, 몇 가지는 허용하고 그 이상을 약속하면서 달래고 만족시키고, 아주 살그머니 부지불식간에 반란 무리를 무장 해제 하게 만들고 변화시켜서 열등한 파트너로 만들어 버렸다. 그리고 같은 방식을 세 번째로 히틀러-독일을 향해 사용했다. 그것은 물론 실패로 돌아갔고, 마침내 그에 맞선 처칠이 옳았음을 보여 주었다.

처칠 자신은 제대로 알아채지도 못한 채 볼드윈이 펼친 이런 정책의 희생자였기에, 그 기간 내내 거기 불만을 품었다. "유화 정책"Appeasement 이란 누구에게 쓰든 상관없이 그의 본성에 거슬리는 것이었으니, 그의 기질이 그것에 반발했다. 그것은 그에게 욕지기를 일으켰다. 볼드윈의 걸작이자, 처칠 자신이 나중에 가장 극적인 방식으로 그 혜택을 입은, 영국 노동자 운동을 달래서 만족시킨 국내 정책에 대해 그는 불만이었다. 처칠은 그런 국내 정책의 혜택을 입기는 했지만 자신은 점점 더 그것을 제대로 다루지 못했다. 인도를 유화 정책으로 만족시키는 일에 대해서는 파업을 했다. 그는 총독이 간디를— "절반은 벗은 수도승처럼 치장하고 궁전의 계단을 올라오는 불손한 변호사를"— 맞아들이는 것을 못마땅하게 여겼다. 그리고 1930년 초에 그는 인도에 대한 양보 때문에 보수당의 그림자내각에서 물러났다(보수당은 잠깐 야당으로 밀려나 있었다). 그리고 여러 해 동안 이런 허약한 양보, 자기 낮추기, 재고 정리 염가 판매 정책에 맞서 날선 비판 연설을 했다. 그로써 그는 점차 자신을 웃음거리로 만들었다. 쉰다섯 살의 처칠은 영국인들에게, 그리고 보수당 동료들의 눈에도 시대를 이해하지 못하는 낭만적인 반동주의자로만 여겨졌다. 가여운 일이었다. 그토록 많은 재능, 그토록 엄청난 에너지와 야망을 지니고도— 모든 것이 성과 없이 사라졌으니 말이다. 그의 태도에는 여전히 볼만한 요소, 놀랄 만한 측면, 매혹하는 부분이 있었지만, 이제 더는 그가 필요 없었다. 잠깐의 중단기를 거친 다음 1931년에 보수당이 다시 여당이 되었을 때 처칠은 그 어떤 관직도 제안받지 못했다. 그는 보수당 의원일 뿐이었다. 연설을 할 수도 있고 책을 쓸 수도 있었지만, 진지하게 대우할 정치가는 이미 아니었다.

CHURCHILL

활동하지 않는다는 것은 윈스턴 처칠 개인에게는 지옥이었다. 장관을 지내는 동안에도 그는 한 번도, 아니면 거의 한 번도 제대로 자신의 일과 책임감으로 완전히 충족되지 못했다. 언제나 쉬지 않고, 불만스러워하고 규율 없고, 언제나 자기에게 주어진 한계를 지나 다른 모든 것으로 넘어가 간섭하려는 경향을 지닌 사람이었다.

그래도 어쨌든 장관 노릇은 겨우 참을 만은 했다. 하지만 완전히 옆으로 밀려나 차단당한 채 전혀 아무 일도 못 하고 구경꾼 노릇만 하는 것은 참을 수가 없었다. 평생에 걸쳐 그는 이런 참을 수 없는 처지를 몇 번 겪었다. 1916년 중반부터 1917년 중반까지 저 끔찍한 열두 달, 1922년 가을부터 1924년 가을까지 고약하던 저 2년에 말이다. 이제 1929년부터 1939년까지, 그의 나이 55세부터 65세까지 10년 동안이나 이런 황무지, 처

딸 새러와 함께 담 쌓기 공사, 1928년.

칠의 지옥에 살아야 했다. 그러니까 그야말로 죽음을 대비하는 나이에 이르기까지 말이다.

외적으로 보면 이 10년 동안 그의 삶은 극히 편안했다. 대부분의 사람들에게 부러움을 살 만한 것이었다. 『세계 위기』 *The World Crisis* 의 수익금으로 사들인 켄트의 차트웰 Chartwell 하우스에 살면서, 일부는 문자 그대로 자기 손으로 직접 여기저기 건축도 계속하고 정원도 가꾸었다. 미장공 기술을 익히고는, 낡은 펠트 모자를 쓴 채 땀을 뻘뻘 흘리며 벽돌을 하나하나 쌓아 올려 담들을 짓고 별채들을 세웠다. 그러고는 미장이 조합이 자기를 조합원으로 받아 주어야 한다고 주장했는데, 이곳 조합원들은 그것을 상당히 고약한 취향의 농담으로 여겼다. 그는 나무를 심고 연못도 만들고, 금붕어에게 먹이를 주고, 이국적인 나비 종을 키우고, 여행하고 그림을 그렸다. 아들 하나와 딸 셋인 자녀들은 이 시기에 성년에 이르렀는데, 그는 자식들에게 흥미롭고 자상하고 성실하고 물론 약간 고압적인 아버지 노릇을 할 시간이 있었다. 그래서 이따금 아들 랜돌프에게 이렇게 말하곤 했다. "이번 휴가에서 우리는 내 아버지가 평생 나하고 나눈 것보다 더 많은 이야기를 나누었다"고 말이다. 많은 방문객을 맞아들이고, 친구들이나 낯선 이들과 밤늦게까지 정치 이야기를 나누면서 경청하기보다 더 많이 떠들고, 이따금 몸이 허용하는 것보다 더 많이 마셨으며, 극히 독한 하바나 시가를 무수히 피웠다.

그것 말고는 하는 일이 없었지만, 물론 아무 일도 안 하는 것과는 거리가 멀었다. 그는 극히 생산적이고 성공적인 저널리스트 겸 작가로 살았다. 이 시기에 그는 오늘날 우리가 칼럼니스트라고 부르는 사람이 되었다. 주간 단위로 세계 정치에 대한 이런저런 칼럼들을 썼다. 그가 쓴 글은 영국과 나머지 수많은 영어권 국가들에서 인쇄되어 전파되었고, 그는 높은 보수를 받았다. 그럴 만도 했다. 처칠이 쓴 것은 정보가 풍부하고, 날카롭게 사색되고 강력하게 포착되어 빛나는 표현을 얻은, 아주 솔직한 일급 기고문이었다. 이것이 그의 주요 수입원이긴 했어도 어디까지나 부수적인 작업에 지나지 않았다. 그의 핵심 작업은 위대한 문학적 기획들이었다. 6년 동안 그는 조상인 말버러 공작의 네 권짜리 전기를 썼는데, 이것은 전성기 바로크 시대에 대한 거대한 시대 초상화가 되었다.* 이것은 그의 문필 작업에서 『세계 위기』 다음으로 두 번째 정점을 이루는 작품이다. 같은 시기에 나온 토마스 만의 『요제프 4부작』에 견줄 정도로 과거를 눈앞으로 불러내 재현하는 능력이 뛰어난, 구식으로 펼쳐진 풍성함을 지닌 작품이다. 이것을 끝내고는

* 『말버러: 그의 생애와 시대』(*Marlborough: His Life and Times*)를 말한다.

역시 네 권으로 이루어진 『영어 사용 국민의 역사』*A History of the English Speaking Peoples*로 넘어갔는데, 이는 빛나는 색채와 오락적 요소를 고스란히 지니고 있어서 역사가로서 그의 경계를 더욱 분명하게 보여 주는 작품이다.

다른 사람에게라면 이것은 일, 놀이, 삶의 내용이라는 면에서 충분함 이상이었을 것이다. 하지만 처칠에게는 그냥 마비 효과로도 충분치가 못했다. 그는 그 기간 내내 ─ 우리는 거의 핵심을 잊었는데 ─ 철저히 활동적인 정치가였다. 물론 영향력 없는, 성공적이지 못한 정치가이긴 했지만. 그는 그 10년 내내 하원의원이었고, 그것도 부지런한 의원이었다. 의회 연설 ─ 수많은 연설들, 그중 몇 개는 그의 가장 위대한 연설들 ─ 을 하고 여러 위원회에 참석하고, 외무부와 국방부에 일정한 연관성을 유지하는 것을 몹시 중요하게 생각했다. 대對정부 질문을 하고, 선동하고 음모도 꾸몄다. 이 모든 게 별다른 영향력이나 눈에 띄는 성과가 없었지만 그랬다. 그는 희망 없는 외부자로서 개인적인 반대자일 뿐, 여론에서 밀려나서 당시의 3개 정당 모두와 사이가 틀어진 채, 남들이 예의 바르게 겨우 참아 주는 과거의 남자였다. 어느 정도 미적인 경탄을 품은 채 그의 말을 경청하지만, 의제에서는 아무도 그 말을 고려하지 않았다.

처칠이 언제나 관여하려는 분야, 곧 세계 역사 ─ 그리고 영

이 책상에서 『영어 사용 국민의 역사』가 나왔다.

국의 정책―는 마치 그가 존재하지도 않는다는 양 제 갈 길을 갔다. 그가 글로 쓰거나 말한 것은 사태를 조금도 변화시키지 못했다. 무엇이 그를 더 깊은 절망감에 빠뜨렸는지, 세계 역사가― 그리고 영국의 정책이― 잡은 노선, 그 자신의 의견으로는 불운과 치욕으로 향하는 그 노선인지, 아니면 자기가 그것을 전혀 변화시킬 수 없다는 사실인지를 말하기란 어렵다.

불운이 다가오는 것을 바라보는 것만 해도 이미 충분히 고약한 일이었다. 하지만 그것을 막지 못하고 아무 일도 못 하면서 그대로 있다는 것이 분명 가장 고약한 일이었다. 어쩌면 이렇듯 활동할 수 없는 상태에 강제되어 있다는 것은, 다가오는 파국에 대한 명료한 전망이 없었다면 더욱 고약했을지도 모른다. 그 파국은 자기가 얼마나 옳았는지를 앞으로 어쩌면 모두가 보게 될 것이라는, 그래서 자신이 한 번 더 필요한 사람이 될 것이라는 극히 은밀한 희망의 불씨를 품은 것이었으니 말이다.

정말로 처칠은 10년 동안의 이런 황무지 기간에 자신도 남들도 의식하지 못하는 가운데, 머지않아 1940년에 그를 영국에서 거의 전능한, 아무도 건드릴 수도 모욕할 수도 없는 전시戰時 총리로 만들어 줄 정치적 자산을 그러모았다. 1940년에는 이미 거의 잊혀 버린 빛나던 그의 젊은 시절이 아니고, 당시 이미 논란의 여지가 많았던 1차 대전에서의 역할도 아니고, 소수의 친구들과 경탄하는 사람들에게도 오히려 통증으로 남아 있는 1차 대전 이후 시대의 정치 활동도 아니었다. 그런 것이 아니라 30년대의 이런 황무지 상태에서, 고독한 경고자이며 외치는 자로서 흔들리지 않던 밝은 눈길과 확고함이 1940년에 갑자기 그에게, 그동안 언제나 올바른 생각을 가졌던 유일한 사람, 어쩌면 구원을 가져올 수도 있는 유일한 사람이라는 명성을 만들어 주었던 것이다.

처칠은 — 특히 30년대 초기의 처칠은 — 반反파시스트가 아니라 오히려 그 반대였다. 오늘날까지도 독일의 광범위한 계층에는 그렇게 알려져 있지만, 그는 한 번도 독일에 적대적인 적이 없었다. 프랑스나 미국을 사랑한 것처럼 독일을 사랑한 것은 아니라도 독일을 존중했고 특정한 방식으로 독일에 경탄했으며, 1차 대전 이후에나 2차 대전 이후에도 독일을 파트너이자 동맹국으로서 서방 연합에 끌어들이는 것에 전적으로 찬성했다. 처음에는 심지어 히틀러에 대해서도 어떤 특별한 반대가 없었다. 히틀러의 반유대주의에 대해서만은 고개를 저으며 못마땅하게 여겼다는 것 말고는 말이다. 시간이 흐르면서 그는 이 무시무시한 사내의 잔인성과 독특한 깡패 기질에 진짜 역겨움을 느꼈다. 30년대 초에는 그런 게 아직 없었다. 그 때까지만 해도 그는 이따금, 독일이 1차 대전에서 패배한 것처럼 영국이 큰 전쟁에서 패배한다면, 영국에도 히틀러 같은

아돌프 히틀러의 독일 의회 연설, 1936년 3월 7일.

사람이 나타나면 좋겠다고 말했을 정도다. 그가 말버러 공작의 흔적을 좇아 도나우강으로 갔다가 뮌헨에 들렀던 1932년에는 사교적인 방식으로 히틀러를 만날 각오도 되어 있었다.

처칠이 1932년부터, 이어서 1934년, 1935년, 1936년에 점점 더 강력하게 영국의 군비 확장을 외치는 선구자로 활동하게 된 것은— 이런 맥락에서 필연적으로 독일의 군비 확장을 강력하게 경고하면서— 처음에는 전혀 다른 이유를 가진 것이었다. 전혀 명예롭지 않은, 오히려 세속적이고 정치적·전술적인 이유에서였다. 처칠은 말하자면 슬그머니 나치 적대감으로 넘어갔던 것이다. 이는 아주 엄밀히 따지면 그가 기질적으로 모든 유화 정책의 반대자였기 때문이고, 마침 이 순간 나치가— 노동당과 인도에 뒤이어— 영국 유화 정책의 대상이었기 때문이다. 처칠이 1932년 뮌헨에서 나치 운동을 잠깐 개인적으로 접했던 것이 그의 내면에서 더욱 깊은 어떤 것을 건드리고 놀라게 했을지도 모른다. 그 자신 타고난 본능적인 전사였으니, 분명 전투적인 요소를 알아보고 말하자면 그것을 냄새 맡았을 수는 있다. 하지만 그보다는 당시 처칠이 보수당과 한목소리를 낼, 그래서 권력과 장관직으로 되돌아갈 전망을 자신에게 열어 줄, 어떤 이슈와 문제를 몹시 절박하게 필요로 했다는 것이 직접적으로 더욱 중요한 일이었다.

대부분의 보수주의자들은 본능적으로 군비 축소를 싫어했

다. 평화주의와 국제연합 이념은 오히려 좌파의 이념이었다. 보수주의 대중은 언제나 마음속으로 가능하면 스스로를 강하게 만들어 자신의 힘으로 버티기를 바라는 법이니, 이런 감정에 힘차게 호소하면 그것은 그들에게서 비옥한 땅에 떨어진 씨앗이 된다. 실제로 처칠은 1934년과 1935년에 이런 호소로 한동안 약간의 영향력을 얻었다. 1936년에 보수당 정부가― 히틀러는 이미 국민개병 제도를 도입하고 라인란트를 점령했는데 ― 아직은 극히 조심스럽게 군비 확장 정책을 결정하고 국방을 위한 조정장관이라는 새로운 관직을 만들었을 때 처칠은 거기 꼭 알맞은, 거의 불가피한 사람으로 보였다. 하지만 볼드윈이 그를 앞섰다. 그는 군비 확장을 과도하게 밀어붙일 생각이 없었다. 게다가 내각에 뻐꾸기 알 하나를 들여놓을 생각도 없었다.

처칠에게 그것은 심각한 일격이었다. 아마 이때쯤에는 자기가 보수당과는 완전히 틀어졌고, 돌아갈 길은 없으며, 사람들이 자기를 더는 원치 않는다는 의심 ― 혹은 깨달음 ― 이 그에게 나타났을 것이다. 그 사이 그는 예순 살이 넘었다.

같은 1936년에 이런 의심(혹은 깨달음)을 그야말로 잔혹하게 확인해 주는 일이 일어났다. 당시 그가 영국 정계와의 접촉이 얼마나 단절되었는지를 번개처럼 보여 준 극히 고통스런 사건이었다. 유사 이래 그나 다른 누구에게도 일어나지 않았던 일이 그에게 닥쳤으니, 의회에서 그를 향해 쉿 소리와 함께 호통으로 그의 발언을 막았던 것이다.

이것은 에드워드 8세의 퇴위와 관련된 일이었다. 처칠은 퇴위를 막거나 적어도 연기하려고 애썼다. 이 사건은 특이했고, 어느 정도 그의 특성을 드러낸 일이기도 했다. 에드워드 왕이, 두 번이나 이혼하고 당시에도 유부녀였던 미국 여성과의 열정적인 사랑에 빠진 저 유명한 이야기는 누구나 안다. 또한 사람들은 볼드윈 총리가 1936년 늦가을에 새로운 젊은 왕에게 내놓은 잔인한 최후통첩을 기억한다. 그가 사랑하는 유일한 여성을 포기하거나, 아니면 왕권을 포기하라는 통첩 말이다.

당시 공식적인 영국의 낡아빠진, 약간 위선적이기도 한 도덕적 엄격함에 대해서는 각자 나름대로 생각할 일이다. 하지만 일단 그것을 기정사실로 받아들이고, 1936년에 영국에서 여러 번이나 이혼하고 아직 다른 남자와 혼인한 상태에서 왕과의 애정 행각을 시작한 여성을 자신들의 왕비로 받아들일 수 없다는 사실을 인정한다면, 볼드윈이 재빠른 결단을 강요한 것은 유일하게 가능한 행동이었다는 점을 수긍하지 않을 수 없다. 처칠이 관대함과 연기延期를 설파해서 — 당시 심슨 Simpson 부인의 이혼 소송이 적법하게 이루어질 수 있도록 적어도 반년만이라도 미루자는 말로 — 대체 무엇을 약속할 수 있단 말인가? 이 반년이라는 시간에 대체 무엇이 바뀔 것인가?

윈저 공과 심슨 부인.

당시 표준적인 영국 대중의 도덕관이 바뀌나? 그런 건 처칠 자신도 믿지 않았을 것이다. 왕의 감정이 바뀌나? 감각적인 바람둥이 천성의 일시적인 사랑의 변덕이라면 그것도 가능했을 것이다. 하지만 이것은 전혀 다른 더욱 깊고도 민감한 것, 어떤 구원과도 같은 문제라는 것, 왕이 마치 기적을 통한 것처럼 자기에게 여성의 성^{性}을 향한 문을 열어 준 이 여성을 절대로 포기하지 않으리라는 것을 처칠도 상당히 잘 알고 있었다. 그렇다면 이런 연기를 통해 대체 얻을 게 뭔가? 오로지 고통, 길게 이어지는 고문, 가장 내밀한 세계를 여러 달 동안이나 공개적으로 파헤치기, 결국은 왕국을 진짜로 잠식하고 위험하게 만드는 일에 지나지 않았다. 의심의 여지 없이 볼드윈이 옳았고 처칠이 틀렸다.

물론 의심의 여지 없이 볼드윈은 차갑고도 냉혹하게 행동했고, 처칠은 따뜻한 마음과 너그럽고도 기사적인 태도를 보였다. 그는 마음의 문제들에서는 여전히 고상한 감정을 지녔고, 무거운 시련을 거친 젊은 왕에게 봉건적 충성심 비슷한 것을 품고 있었다. 하지만 바로 이것이 영국의 여론이 그를 받아들이기 어려운 점이었다. 여론은 처칠을 파렴치하게 악마적인 명예욕과 행동 충동을 지닌 사람이라 여기고, 지금도 그가 스스로 차단당했다는 절망감에서 거리낌 없이 행동하는 것이라고만 보았다. 동시에 희망 없는 어제의 사람, 아니 그제의 사

람이며 태곳적 전사로서, 내버려 두면 단순히 20세기 세계대
전만이 아니라 심지어 17세기 영국의 내전까지도 새로이 되살
려 내는 사람이라고 믿었다. 왕과 의회가 맞서는데 처칠이 '왕
당파'의 지도자라는 것이고, 처칠이 모든 사람에 맞서 홀로 일
어서서 왕의 퇴위 위기에 개입하자, 이런 기억과 두려움이 극
히 진지하게 깨어났다. 그래서 사람들이 그에게 고함을 쳐서
그의 말을 가로막았던 것이고, 심지어 한순간 의회의 품위를
희생시키기까지 했던 것이다. 그는— 아마도 바로 이 순간에
그 자신과 주변 세계에도 완전히 분명해진바— 1936년의 영
국에서 완전히 이물질이었다.

사정이 이랬으니, 절망적으로 경고하고 예언적으로 위협하
는 처칠의 항의가 계속되는 가운데 1937년에 영국 정부가 독
일을 상대로, 평화를 불러오고 전쟁을 막을 공개적인 접근 정
책을 시작했을 때, 처칠과 영국 정계는 더는 돌이킬 수 없이 날
카로운 대립 상태가 되었다.

1937년 5월에 정부가 바뀌었다. 볼드윈은 15년 동안이나 영
국 정계를 마음대로 주무르고 나서 높은 존경과 사방의 아첨
을 들으며 품위 있게 자발적으로 은퇴하고, 네빌 체임벌린이
그의 뒤를 이었다. 이것은 정책의 변화를 뜻하는 것이 아니고,
그냥 정책 수행 방식의 변화만을 뜻했다. 볼드윈이 덩치가 크
고 부드러운 약간 뚱뚱한 사내였다면, 체임벌린은 홀쭉한, 거

의 야윈, 물론 섬세하게 야윈, 옹골차고 호리호리한 사람이었다. 그리고 두 사람의 정치적 스타일도 거의 이런 체형에 어울리는 것이었다. 두 사람 모두 평화주의자이며, 영리하게 처방된 양보는 항거할 수 없는 정치적 무기가 될 수 있다고, 격한 저항보다도 오히려 더욱 잘 통제하고 무장 해제 시키는 무기가 될 수 있다고 확고히 믿었다. 하지만 볼드윈이 모든 것을 가능한 한 오래 모호하고 불확실한 상태로 놓아두기를 좋아했다면, 체임벌린은 자신의 방식으로 행동의 사람, 청소부이며 질서를 만들어 내는 사람이었다. 정교하게 미리 계획하며, 끊임없이 계산하고 날카롭게 결정하는, 너무 늦기보다는 차라리 너무 빨리 행동하는 편이었다.

볼드윈은 히틀러와 대면을 시도하기보다는 오히려 꺼리는 편이었다. 체임벌린은 거의 곧바로 그와 대면하려고 했다. 1937년 가을에 벌써 그는 뒷날의 외교장관인 핼리팩스 경Lord Halifax; Edward Frederick Lindley Wood — 인도 총독으로서 간디를 만족시켰던 그 사람 — 을 히틀러의 목적이 뭔지 분명히 알아내라고 독일로 보냈다. 당시에 이미 그는 설사 많은 사람이 힘들어하더라도 가능한 모든 것을 히틀러에게 양보하기로 결심하고 있었다. 그의 평화 정책은 말랑말랑한 것이 아니었다. 그것은 그 자신만큼이나 옹골차고 단단했다.

그런 평화 정책은 시작부터 완전히 틀린 것이었을까? 처칠은― 모든 사람에 맞서서 혼자만이―3년 동안이나 체임벌린의 정책을 오로지 비난하면서, 그것을 단지 어리석음, 허약함, 수치와 파국으로밖에 보지 않았는데, 그가 완전히 옳고 체임벌린은 완전히 틀렸던 것일까? 4반세기 전부터는[대략 1942년 이후로] 이것이 일반 여론이다. 하지만 1937년, 1938년, 심지어 1939년에도 당시의 일반 여론은, 적어도 영국에서는 정확하게 그 반대를 믿었다. 역사적 공정함을 위해 오늘날에도 그 이유들을 관찰할 가치가 있다.

맨 먼저 체임벌린은 영국의 경제 및 재정 상황에 대해, 이런 것을 약간 신사답게 옆으로 쓱 밀쳐 내는 처칠보다 훨씬 더 잘 알았다. 오랫동안, 그리고 처칠과는 달리 매우 전문적이고 성공적으로 재무장관을 지낸 체임벌린은 영국이 [1차] 대전 중에 이미 예비비를 소진했고, 한 번 더 대전을 치른다면 설사 승리한다 해도 영국의 경제 및 재정에, 그리고 동시에 불안정한 세계제국이라는 위치에 파국이 되리라는 사실을 잘 알았다. 그것은 뒷날 올바른 판단이었던 것으로 드러난다. 처칠은 절대로 알려고 하지 않았지만, 실은 대규모 군비 확장만 해도 영국이 감당할 수가 없는 것이었다. 전쟁, 그것도 세계 전쟁은―예상치도 못했던 그 끔찍함은 일단 빼고라도― 영국이 파산하지 않으려면 무슨 일이 있더라도 피해야 할 것이었다.

그렇다면 전쟁은 정말로 피할 수 없는 것이었던가? 독일이

네빌 체임벌린.

군사적 강대국으로 다시 일어서는 것을 막을 길은 없었다. 1937년에 그것은 이미 기정사실이었다. 하지만 이 강대국 독일이 무조건 영국의 적대국이 되어야 하나? 히틀러는 정말로 무엇을 원하나? 물론 식민지도 원했다. 그것은 힘들고도 고통스런 일이었다. 하지만 주로 전혀 다른 것들을 원했다. 그러니까 오스트리아, 주데텐란트, 단치히, 폴란드 회랑*, 오버슐레지엔 등이었다. 이 모든 것을 합치면 중부와 동부 유럽에서 독일의 패권을 원한 것인데, 처칠만큼이나 체임벌린도 그것을 제대로 보고 있었다. 하지만 그것은 처칠이 당연하게 전제하듯이, 정말로 그토록 받아들일 수 없을 정도로 영국에 위협적인 일인가? 만일 영국이 스스로 독일의 노력에 입회하고, 독일이 가지려고 하는 것을 모두 취하도록 자발적으로 도움을 주고, 그렇게 해서 대륙에서의 전쟁을 피할 수가 있다면, 하다못해 한동안만이라도, 어쩌면 꽤 오랫동안, 그러니까 "우리 시대 동안" 영국과 독일 사이에 평화를 만들어 내지 않을까? 그리고 어쩌면 그것이 독일을 만족시켜서 차츰 무겁고 게으르게 만들어 평화적으로 만들지나 않을까?

설사 그렇지 않다고 치자. 만족할 줄 모른 채 동쪽을 향하는

■   1차 세계대전 이후 폴란드로 넘어간 영토로 동프로이센과 독일 본토를 완전히 분리시켰다. 히틀러는 이곳을 되찾고 싶어 했다.

히틀러의 열망은— 그것이 정말로 만족시킬 수 없는 것이라 치고— 대체 누구와 갈등에 빠져들 것인가? 영국인가? 영국이 절대로 포기할 수 없는 프랑스와 네덜란드인가? 아니다. 분명 러시아와 갈등에 빠질 것이다. 저 볼셰비키 러시아, 처칠 자신도 20년 전에는 거기 맞서 독일을 다시 강하게 만들려고까지 했던 저 볼셰비키 러시아 말이다! 체임벌린은 처칠처럼 그런 것을 원한 적이 없었다. 모스크바에 대한 깊은 불신에도 불구하고, 그는 처칠처럼 공산주의를 잡아먹으려 드는, 거기 맞서 십자군을 일으키려는 사람은 아니었다. 하지만 영국이 아무것도 보태지 않아도 독일과 러시아 사이에 저절로 거대한 충돌이 일어난다면— 그게 영국에 그토록 참을 수 없는 일인가? 조용히 무장하고 힘을 아끼면서 그냥 구경만 하다가, 마지막에 심판관 자격으로 독일-러시아 전쟁의 패배자가 완전히 망가지는 것을 막아 준다면— 그게 어쩌면 정말로 유리한 위치가 아닐까?

　마지막 질문. 처칠은 히틀러 독일을 향한 위협의 연합, 그리고 그런 위협이 실패할 경우 전쟁의 연합을 대체 누구와 맺으려 하는가? 미국은 군비를 해제하고 고립되어 있었다. 프랑스는 세계대전에서 피를 쏟은 다음 영국보다 더욱 두려움에 차서 평화와 안전을 얻으려 했다. 그럼 러시아는? 위기에 흔들리던 스탈린의 러시아는 때마침 참모부를 모조리 죽이느라 바빴

다. 그럼 이 모든 강대국들을 다 빼면, 위협을 받아 두려움에
떠는 저 허약한 유럽의 소국들과 짜깁기 연합을 만드나? 그것
은 웃기는 일이니, 처칠조차도 그런 걸 진지하게 생각할 리가
없었다! 여전히 예측할 수 없는 처칠은 당시 마침 국제연맹과
집단 안전 체제라는 걸 찾아냈는데, 놀라서 망설이는 좌파의
공감 몇 가지를 끌어냈을 뿐이다. 체임벌린은 그에 대해서는
그냥 짜증을 내며 어깨를 으쓱하고 지나칠 수가 있었다. 뒷날
폴란드, 노르웨이, 네덜란드, 벨기에, 유고슬라비아, 그리스,
심지어 프랑스에서의 전쟁 경과도 체임벌린이 옳았음을 보여
주지 않았던가?

  이런 사유의 길을 따라가다 보면, 오늘날에는 그토록 예언
적으로 들리는 처칠의 경고들이 당시 전혀 경청되지 않았고,
체임벌린은 수백 년 동안 영국의 그 어떤 정치가도 누리지 못
한, 현실적이고도 가혹한 평화 제조자라는 명성을 얻었다는
게 이해가 된다. 오히려 처칠이 이렇듯 완벽한 고립, 거의 추방
상태에서 여러 해를 견디면서, 저 끔찍한 내적인 확신을 유지
할 힘을 대체 어디서 얻은 것일까, 놀라서 묻게 된다. 50년 전
소년 시절에 영국의 학교 및 교육 체제에서 달아나지 않고 견
디던 것과 똑같이, 그는 이제 영국의 정계에서 그렇게 홀로 서
있었다. 전혀 어디에도 속하지 않고 완전히 고립된 패배자의
자리에서 친구도 없이 반항하고 속으로 울면서, 거듭 매를 맞

으면서도 거듭 반항하고 다시 입을 여는, 아무 성과도 없는 반항인이었다. 몇 년 전까지만 해도 군비 확장 정책을 선전하면서 사용하던, 희망에 차서 몇 가지 계산을 하던 정치적 전술은 이제 아예 없었다. 그는 자기가 재앙을 예견하는 그 어떤 연설을 해도, 그것이 자신을 더욱 불가능한 존재로 만들리라는 사실을 알았다. 다가오는 파국의 확실성만을 유일한 지렛대, 유일한 희망으로 삼고 있자니, 그것은 그 자신에게도 끔찍하고 내면이 무너져 내리는 일이었을 것이다. 하지만 그는 그런 확신을 지녔다. 잘 알려져 있다시피 그 점에서 그는 옳았다.

대체 무엇이 그가 옳다고 인정해 주었던가? 훨씬 더 예리하고 정교하게 계산하는 체임벌린이 잘못 보고 아니면 아예 못 보고, 처칠이 제대로 본 것은 무엇이었던가? 답은 오직 한마디, 하나의 이름에 들어 있었으니, 바로 히틀러였다.

체임벌린의 계산에는 말하자면 히틀러가 들어 있지 않았던 것이다. 히틀러 대신에 체임벌린에게는 하나의 추상적 개념만 있었다. 체임벌린 자신이 영국을 위해 계산하듯이, 자기 나라의 가능성과 이익을 합리적으로 정확하게 계산하는 독일의 정치가라는 개념이었다. 그런 파트너였다면 체임벌린의 정책은 잘못되지 않았을 것이다. 하지만 히틀러라는 파트너를 두고는 가망이 없었다.

히틀러는 상대가 받아 주면 자동으로 그것을 허약함과 비겁

함으로 여기고 상대를 밟아 버리는 사람이었다. 그뿐만이 아니다. 그는 전쟁을 위한 전쟁, 아니 더욱 정확하게 말하자면 자신의 원래 목적이며 오로지 전쟁으로만 실현 가능한 생물학적 혁명을 위해 전쟁을 원하는 종류의 사람이었다. 그는 정치가가 아니었다. 그는 국가 단위가 아닌 종족 단위로 생각했다. 체임벌린이 극히 조심스럽게 고려한 독일의 이익이란, 히틀러가 1945년 마지막에 솔직하게 밝힌 것처럼, 근본적으로는 그에게 무관한 일이었다. 독일은 그가 개인적인 종류의 세계 혁명을 가동하기 위한 도구였을 뿐이다. 즉 유대인 절멸, 슬라브인의 노예화, 그리고 새로운 게르만 주인종족의 양성을 위한 것이었다.

이 모든 것은 완전히 체임벌린의 이해력 바깥에 놓여 있었다. 히틀러 같은 현상은 그에게는 전혀 이해할 수 없는, 아예 생각할 수도 없는 존재였다. 분명 처칠도 히틀러를 한 번도 제대로 이해하지는 못했다. 하지만 그래도 처칠은 몇 가지를 알았고, 우선 필요한 만큼은 충분히 알았다. 그는 히틀러가 전쟁을 원하며, 잘 대우받으면 오히려 짓밟으려는 자극을 느낀다는 사실을 파악했다. 비록 천천히 알아내기는 했어도, 히틀러가 정상적인 정치가가 아니라 1918년의 볼셰비스트에 못지않은, 극히 무시무시한 종류의 혁명가라는 사실을 알았다. 덕분에 레닌과 트로츠키에 대한 근원적인 미움이 히틀러에게로 옮겨 가기가 쉬웠다.

잘 알려져 있다시피 인간은 스스로 자기 내면에 있는 것만을 파악한다. 처칠은 히틀러보다 무한히 고귀하고 인간적이고 고상한 현상으로, 도덕적으로나 미적으로 마치 블레넘궁이 빈Wien 멜더만 거리의 노숙자 숙소와 거리가 먼 만큼이나 히틀러에게 멀리 있는 사람이다. 하지만 이 두 사내, 고귀한 사람과 저급한 사람을 서로의 운명으로 만든 것은 우연이 아니었다. 그들은 정말로 서로의 운명이었으니 말이다. 처칠이 없었다면 히틀러는 승리했을 것이고, 히틀러가 없었다면 처칠은 빛나는 실패자, 시대 착오자로 시들어 갔을 것이다. 평생 직접 대면한 적이 없는 이 두 사내는 알지도 못한 채로 수십 년 전부터 서로를 향해 행진해 나갔고, 그런 다음 죽기까지 서로 결투를 벌였다. 특별한 의미에서 그들은 한데 속하는 사람들이니, 언제까지나 역사에 함께 등장할 것이다.

어쨌든 극히 다른 이 두 사내는 세 가지 공통점을 지녔다. 전사의 요소 — 두 사람은 전쟁을 위해 태어났고, 전쟁을 사랑했다. 시대착오의 요소 — 둘은 정확하게 20세기의 사람이라기보다는 그보다 더 옛날 더욱 강하던 시대에 속했다. 그리고 극단적 요소 — 두 사람은 제각기 다른, 자기만의 방식으로 특정한 방향에서 극단적 경계로 나아갔고, 다른 사람들이 번영을 누리는 온건한 지역에서는 쇠약해지고, 남들이 숨을 헐떡이는 곳에서 비로소 되살아났다.

이런 관찰로 우리는 체임벌린의 유화 정책과 그 실패의 역
사를 대신하기로 한다. 그 역사를 상세히 살필 자리가 여기 없
기 때문이다. 체임벌린의 유화 정책이 실패했다는 말로 충분
하다. 체임벌린의 손에서 히틀러의 손으로 주도권이 넘어갈수
록 그것은 더욱 실패했다. 이런 실패는 1938년 9월에 시작되
어 처음에는 망설이면서 그러다가 차츰 더 빨리 진행되고, 마
지막에는 숨이 멎을 정도로 계속 돌진했고, 12개월이 지나자
체임벌린은 스스로도 어찌 된 셈인지 제대로 모른 채 갑자기
히틀러와 전쟁 상태에 있었다. 그 전쟁을 막는 것이 그의 정책
의 목적이었는데도 그랬다.

정확하게 동일한 속도로 — 처음에는 거의 알아차릴 수도 없
이, 그러다가 매우 빠르게, 마지막에는 돌진하듯이 — 1939년
이 흐르는 동안에 갑자기 처칠의 별이 다시 떠올랐다. 그것을
떠오르게 한 사람은 히틀러였다. 1939년 여름에 체임벌린은
일기에 이렇게 적었다. "전쟁이 가능해지는 바로 그만큼 윈스
턴의 기회들이 좋아지고 있으며 — 역으로도 마찬가지다."

9월 3일에 영국은 독일에 선전포고를 했다. 같은 날 체임벌
린은 처칠을 내각으로 불러들였다. 처칠은 옛날의 자리를 받
았다. 25년 전 1차 대전 시기의 바로 그 자리였으니, 곧 해군장
관이었다. 해군참모부는 모든 전함에 신호를 보냈다. "윈스턴

이 돌아왔다." 마치 그가 방금 문을 열고 밖으로 나간 사람이
기라도 한 것처럼 말이다.

CHURCHILL

CHURCHILL
CHURCHILL
CHURCHILL
CHURCHILL
CHURCHILL
CHURCHILL

CHURCHILL

CHURCHILL
CHURCHILL
CHURCHILL

7

데자뷔

처칠이 이 자리에 돌아가 맨 처음 행한 일 중 하나는 — 전쟁이 시작되고 겨우 14일째 — 스캐퍼플로* 군항으로 함대를 방문한 일이었다.

함대는 그가 25년 전에 휘하에 두었던 것과 비교하면 줄어들어 있었다. 20년 동안이나 함대 군비 축소가 이루어졌다. 사령관이 기함으로 그를 안내했을 때, 거대한 전함이 말하자면 벌거벗고 있는 게 그의 눈에 띄었다. 즉 기함을 동반하는 구축함이 없었다. "적어도 구축함 두 대가 없이는 이런 배가 바다로 나가지 않는다고 생각했는데." 그가 말했다. "단 한 척의 전함을

■   Scapa Flow: 영국 스코틀랜드의 북쪽, 오크니 제도의 메인랜드섬 왼쪽에 있는 내해.

위해서도 말이오." 제독이 대답했다. "그래야 마땅하지요. 우리도 그러고 싶고. 다만 우리에겐 구축함이 충분치 않습니다."

처칠은 다음과 같이 적고 있다.

내 생각은 25년 전 또 다른 9월의 어느 날로 돌아갔다. 내가 마지막으로 동일한 만灣을 방문했을 때, 즉 존 젤리코 경 Sir John Jellicoe과 그의 함장들을 방문했을 때였다. 그들은 끝도 없이 줄을 지어 정박한 전함들과 순양함들과 함께였다……. 당시의 제독들과 함장들은 모두 죽거나 아니면 오래전에 은퇴했다. 배들을 하나하나 방문했을 때 내 앞에 선 고위 장교들은 당시의 젊은 소위들과 해군 사관 후보생들이었다. 옛날에 나는 3년이라는 시간을 들여 고위 인력들을 모조리 잘 알게 되었거나 아니면 손수 골랐다. 지금은 온통 낯선 얼굴뿐이었다. 완벽한 기율, 스타일, 몸가짐, 예식 등 모든 것은 변하지 않았다. 하지만 완전히 새로운 세대가 옛날 그대로의 군복을 입고 있었다. 오직 배들만 대부분 내가 옛날에 보았던 그 시대에 나온 것들이었다. 새것은 하나도 없었다. 마치 예전의 생활 방식으로 되돌아온 것만 같은, 유령과도 같은 상황이었다……. 이상하게도 내 자신의 기억들에 짓눌린 느낌이었다.

우리가 정말로 동일한 길을 걸어야 한다면—나는 두 번째로 해직당하는 고통을 맛보아야 하는가? 거대한 배들이 가라앉고 모든 것이 실패하면 해군 수장들이 어떤 대우를 받는지 나는 잘 알고 있었다…….

그렇다면 우리가 항거할 길 없이 말려 들어간, 끔찍하게 진지하고 광대한 불의 시련은 상황이 어떠했던가? 폴란드는 죽음의 비명을 지르는 중이었다. 프랑스는 옛날의 전투적 불길의 희미한 환영에 지나지 않았다. 거인 러시아는 동맹국이 아니고 중립국조차 아니며 장래 적국이 될 수도 있다. 이탈리아는 친구가 아니었다. 일본은 동맹국이 아니었다. 미국은 언젠가 다시 동참하게 될까? 대영제국은 비록 망가지지 않고 영광스럽게 한마음이지만, 전투 준비는 안 되어 있다. 바다를 통제하는 해상 지배력, 그렇다, 우리는 아직 그것을 갖고 있다. 치명적인 새 전쟁터인 공중에서 우리는 비참할 정도로 수적인 열세였다. 나의 풍경에서 빛이 스러졌다.

무시무시하게 내면을 무너뜨리며 근본에서부터 올라오는 드문 현상, 낭만적 문학의 독자에게는 친숙하겠지만 현실에서 그것을 만나는 사람에게는 심리적으로 통제가 어려운 현상이 있다. 즉 도플갱어 현상, 데자뷔—곧 자신과의 만남이자, 역시 두렵게도 신경을 무너뜨리는 자기 과거와의 만남 말이다. 여기서 확대경으로 봐도 나무랄 데 없는 데자뷔 현상이 나타났다. 운명이 여기서처럼 운명을 믿는 자를(처칠은 속으로 언제나 운명을 믿었으니) 가지고 이토록 수수께끼 같은 어두운 장난을 치고 농담을 하는 일도 드물다. 처칠은 자신이 뒤로 돌아갔다고, 과거로 내동댕이쳐졌다고 느꼈다. 그것도 25년 이상을 뒤로 돌아가서, 절대 잊지 못하고 사라지지도 않는 저 트라우마의 상황으로 거의 정확하게 되돌려 놓았다. 그의 최고 희망과 그것의 가장 깊고도 잔인한 추락의 상황으로 말이다. 다시 그는 함대의 최고 수장이 되었고, 다시 전쟁이 일어났다. 다만 모든 것이 옛날보다 훨씬 더 암담하고 불길하며 더욱 절박했다. 함대는 훨씬 줄어들어 약해지고, 전쟁은 훨씬 더 전망이 없고 그 자신은 훨씬 더 늙었으며, 갑작스럽게 어느 날 다시 불려 들어간 정부는 훨씬 더 낯설고 신뢰할 수 없었다. 새로운 각료들은 모조리 정치적 적대자들이었다. 총리 체임벌린은 그 옛날 애스퀴스처럼 아버지 같은 아이러니를 품은 후원자가 아니라 매우 낯설고 처칠과는 뜻이 통한 적이 없으니, 처칠은 체임벌린에게서 불신 말고 다른 것을 받지 못했다. 일종의 거부감, 조용한 경멸이었다(그 자신도 거기 응답했다).

저 반복 현상이 만들어 내는 두려운 놀라움은 1939년 9월의 스캐퍼플로 함대 방문으로 끝나지 않았다. 그것은 연속되어 1940년 5월까지 아홉 달이나 이어진 길고도 괴로운 순간들에 거듭 나타났다. 처칠이 글로 회고할 때에도 이런 반복은 최후의 가장 극단적인 운명의 시험처럼 보였을 것 같다. 운명과는 옛날의 친밀하고도 반복적·종교적인 관계를 맺고 있는 그에게, 마치 운명이 그를 무엇에 쓸지 드디어 보여 주기 전에, 그가 속에 지닌 것을 내놓고 자기 능력을 보이는 것을 허락하기 전에, 마지막으로 그의 영적인 강인함을 시험하려고 내놓은 최종 구술시험처럼 보였을 것 같다. 하지만 이런 데자뷔의 악몽이 지속되는 동안에는 이런 악몽이 무엇을 위한 전주곡인지 아무도 몰랐고, 처칠 자신도 몰랐다. 알기는커녕 미신적인 사람인 그는 쓰라린 종결부마저 되풀이되리라 기대했을지도 모른다. 그러니까 최후의 끔찍한 몰락을 한 번 더 겪을 것이라고 말이다.

꼭 미신적일 필요도 없이 그것은 예상되는 일이었다. 냉정한 현실은 25년 전보다 훨씬 더 많이 "큰 배들은 침몰할 것이고 모든 것이 잘못될 것"이라고 말하고 있었다. 처칠은 예전과는 달리 이번에는, 그럴 경우 해군부 수장이 어떤 꼴을 겪는지 미리 알고 있었다. 그가 이번에 불을 무서워하다가 불에 타 버린 아이처럼 행동해도, 그러니까 뒤로 물러서서 조심스럽게 기다리면서 안전만 생각해도 용서받는 것은 물론, 오히려 거의 자명한 일이었다. 하지만 그는 그렇게 하지 않았다. 그의 속에

깃든 악마적 정신이 그의 두려움보다 더 강했다. 그는 1914년
과 1915년의 경험을 눈앞에 두고 당시의 트라우마를 영혼 깊
이 새긴 채로, 정확하게 당시와 똑같이 행동했다. 모든 것은
다시 당시와 똑같이 실패로 돌아갔다. 당시의 작전 지역이 다
르다넬스였다면 이번에는 노르웨이였을 뿐이다.

하지만 이상한 일이었다. 당시는 그의 파멸이던 것이 이번
에는 그의 구원이 되었다. 당시에는 다르다넬스 작전이 실패
한 다음 모든 사람이 정치적 청산을 견디고 살아남고, 처칠만
그러지 못했다. 이번 노르웨이 작전의 실패 이후에는 오로지
처칠만 정치적인 청산을 견디고 살아남았다. 주변의 모든 것
이 무너졌는데, 그만이 마법처럼 그대로 서 있었다. 그는 당시
나 똑같이 이번 재앙에도 잘못이 있기도 없기도 했다. 당시 그
는 쫓겨났다. 이번에는 총리가 되었다.

이번에도 서부전선이 고착되었다. 연합군의 공격이란 오랫
동안 아예 불가능했다. 독일도 똑같이 공격을 못 하기만 바라
는 게 고작이었다. 어쨌든 기다리면서 가능한 한 그에 대비하
는 것 말고는 달리 할 수 있는 게 없었다.

기다리는 것 말고 그 사이 할 수 있는 게 아무것도 없을까?
영국 전시 내각의 다수는 그렇게 여겼다. 처칠은 그러지 않았
다. 선전포고를 해 놓고 전쟁을 안 하는 것은 그에게는 자연스
러운 일이 아니었다. 그는 기간이 길어지면, 점점 녹초가 되어

마비되고 견딜 수 없게 된다는 것을 올바른 본능으로 알았다. 그는—1914년과 똑같이 1939년에도—전략적 상상력을 가졌고, 아마도 너무 많이 가졌던 모양이다. 다른 사람이 아무것도 못 보는 자리에서 그는 이쪽에서 파고들 수 있는 적의 허점과 가능성들, 시작 지점과 기회들을 보았다. "우리는 아직 해상 지배력을 갖고 있다." 이것은 기동성과 어디에나 출몰하여 불시에 기습할 힘을 주는 것이 아니던가? 적이 상처를 입을 수 있는 곳, 영국 함대의 긴 팔은 미치지만 둔중한 독일 육군이 닿기 어려운 장소들이 있는가?

1차 세계대전 때에도 처칠의 전략적 눈길은 유럽의 연해, 섬들, 반도들을 샅샅이 뒤졌다. 대륙 중앙부보다 훨씬 더, 이런 곳들이 특히 해군에 기반을 둔 영국의 전략을 위해 올바른 출발 지점으로 보였다.

25년 전에 그의 눈길은 다르다넬스에 꽂혔다. 이번에는 지도의 다른 편 끝에서 전략적 기회를 찾아냈다. 바로 노르웨이 북단이었다.

1939년에 온 세상이 같은 의견이었는데, 독일의 약점은 불안한 전쟁경제였다. 전쟁에 매우 중요한 여러 원료가 충분치 못했다. 예를 들어 철광석이 충분하지 못했다. 그래서 북쪽 끝에서 나오는 스웨덴 광물에 의존했다. 이것은 여름에는 영국이 건드릴 수 없는 발트해를 통해 운반되었다. 하지만 지금은

나르빅 근처. 독일 낙하산병들의 착륙.

가을이니, 머지않아 발트해가 얼어붙을 것이다. 겨울철에 스웨덴 광물은 로포텐Lofoten 철도를 통해 노르웨이 북부의 나르빅Narvik 항으로 이송해서 노르웨이 암초 해안을 따라 배로 독일로 운반해야 했다. 노르웨이 건너편 스코틀랜드에는 영국 함대가 있었다.

함대가 기습해서 암초도에 지뢰를 매설하고 나르빅을 급습한다면 어떨까? 1차 대전에 선례들이 있기는 했지만, 국제법적으로 미심쩍기는 하다(그건 조사해 보아야 했다). 하지만 독일의 강철 생산과 무기 생산을 뿌리에서 마비시킬 이 얼마나 빛나는 가능성이냐!

9월 19일에 처칠은 전시 내각에 자신의 제안을 내놓았다. 열흘 뒤에는 철저히 만든 의정서를 후속타로 내놓았다. 그와 거의 동시에, 그러니까 10월 3일에 독일의 에리히 레더Erich Raeder 함장도 히틀러에게 광물 수송의 안전을 위해 노르웨이 거점들을 확보하려는 첫 번째 안을 제출했다. 그리고 그 겨울 내내 독일과 영국의 전쟁 중심부들은 모두 노르웨이를 겨냥한 아주 비슷한 계획들에 매달려 있음을 서로가 모른 채 계속 작업했다. 다만 독일의 작업 속도가 더 빨랐다.

시간 차이에서 영국의 고뇌가 더욱 컸음을 읽을 수 있다. 여기서 전시에는 독재자가 내각제보다 이롭다는 것을 볼 수도 있다. 처칠이 내각제 각료라는 점을 생각하지 않는다면 부당한 일이다. 여러 해 뒤에 나온 그의 회고록에서 당시 여러 달이나 계속된 논쟁들로 그가 얼마나 고통받았는지 읽을 수 있다. 결국 전체 기획이 전략적 의미를 잃어버릴 만큼 긴 시간이었다. 절반만 정해졌다가 도로 취소되는 결정들, 오락가락하기, 타협들, 그가 결정하고 명령을 내릴 위치를 논증하라는 강요 등등으로 말이다. 1915년 다르다넬스 작전을 준비하던 때와 똑같았다. 다만 이번에는 함대와 육군이 협동했다. 당시에는 그것이 극히 부족했고, 아예 제대로 작동하지도 않았었다.

1940년 노르웨이는 결과로 보면 1915년 다르다넬스보다 더 크고 더 빠른, 더 비난받을 만한 패배였다. 그리고 처칠이 엄격하게 자기 검증을 해 보면 실패에 대한 책임 또는 공동 책임의 면에서 당시보다 덜 무죄였다. 다르다넬스 작전은 전략적으로 건강한 생각으로 오로지 실행에서 망가진 작전이었다. 노르웨이 작전은 처음부터 전략적 사고에 오류가 포함되었다. 우세한 적의 공군력 앞에서 해군력이 무능하다는 사실을 제대로 계산하지 않았던 것이다. 독일군이 영국군보다 노르웨이에 먼저 도착했다는 것이 분명해진 4월 9일에도 처칠은 내각에서 만세를 불렀다. "우리가 원하는 곳에서 놈들을 잡게 되었다"고 말이다. 그는 영국 함대가 북해로 투입되는 독일 육군을 차단할 수 있을 것이라 믿었다. 독일군이 이제는 노르웨이의 비행장들을 확보했으며, 적의 공습이 지배하는 하늘 아래서 함대가 작전을 펼칠 수 없다는 사실을 보지 못했던 것이다. (그렇다, 현대적인 항공모함 함대가 아니라면 말이다……. 당시 그것은 주로 전함들로 구성된 함대, 1차 대전에서 나온 처칠의 옛날 함대였다.)

5월 2일에는 노르웨이 출정의 실패를 더는 감출 수가 없었다. 5월 7일과 8일에 이에 대한 심문이 벌어졌다. 5월 10일에 서부전선에서 독일의 대규모 공격이 시작되었다. 같은 날 체임벌린이 물러나고 처칠은 총리가 되었다.

처칠이 애스퀴스의 각료로 들어왔다가 해임이라는 쓰라린 패배를 겪은 25년 전과 날짜도 거의 비슷했다. 당시 그의 정치생명을 앗아 간 것이 이번에는 그에게 최고 권력을 마련해 주었다. 동일한 일에 대해 한쪽은 부당하게 과도한 형벌, 또 한쪽은 과도한 (또한 부당한) 보상이었다. 정치판의 룰렛은 그렇게 예측할 수 없이 맹목으로 변덕스러운 결정을 내린다. 또는 운명이란 그토록 헤아릴 수 없이 간교한 것일까?

이 5월 며칠 동안의 드라마를 더욱 상세히 살펴보고, 얄팍하게 복잡한 정치적 술수라고 볼 수도 있다. 또는 형벌과 보상이 똑같이 멋대로 분배되는 쓰디쓴 코미디라 여길 수도 있다. 또는 멀리서 단순하고도 모호하게 그냥 '영국'이 내린 결정, 국민의 일반감정이라고 볼 수도 있다. 그러면 모든 것이 의미심장하고 공정하며 의미도 분명해진다. 물론 입증할 수는 없다.

정치의 앞무대에서는 간결하게 요약해서 대략 다음과 같은 일이 벌어졌다. 1940년에 체임벌린은 1915년의 애스퀴스처럼 단일 정당 정부의 정상에 있었다. 옛날에는 노동당과 보수당이 대립했다면 이제는 노동당과 자유당이 대립하고 있었다. 옛날처럼 이번에도 사태가 대*연정을 강요했다. 가혹하게 오래 진행될 것으로 보이는 전쟁의 여기저기서 패배들이 나타나는 판에, 그 어떤 나라도 지속적으로 정당정치를 감당할 수가 없기 때문이다. 체임벌린은 (25년 전의 애스퀴스와는 달리) 이때까지 대립하던 정당들이 함께 구성하는 내각의 총리로는 적합하지 않았다. 너무 많은 적을 만들었기 때문이다. 대연정은 곧 총리 교체를 뜻했다.

누가 체임벌린을 대체할 것인가? 오로지 보수당원만이 가능했다. 의회에서 아직도 보수당이 압도적 다수였다. 체임벌린이 내세운 후보는 자신의 내각에서 외무장관을 지낸 핼리팩스 경이었다. 여러 가지 면에서 그는 처칠보다 더 적합한 후계자였다. 핼리팩스는 적이 없었다. 조정과 화해의 사람이었다. 유화 정책에 상당한 책임이 있었지만, 체임벌린보다 더 일찍 더욱 노련하게 유화 정책에 거리를 두었다. 그는 사실 유화 정책에서 전쟁 준비로 넘어가는 일에 잘 맞는 사람이었다. 이제까지 대립하던 정당들에서 그는 많은 점에서 처칠보다 받아들이기가 좋았다. 처칠의 반동주의자 시기는 아직도 사람들 뇌

핼리팩스 백작 에드워드 프레더릭 린들리 우드.

리에 남아 있었다.

하지만 핼리팩스 경은 상원에 있었다. 40년 전부터 총리는 하원에서 나와야 한다는 것이 관습법이었다. 아마도 이런 예외적 시기에 그 정도는 그냥 넘어갔을 것이다. 그가 조정과 화해의 사람이지 전쟁의 사람이 아니라는 것이 더욱 무게가 나갔다. 지금은 전쟁의 시기였다.

여기서 표피적인 정치적·진술적 고려들은 이 시기에 효력을 갖게 된 모호하지만 현실적으로 중요한 배후 탐색으로 넘어갔다. 연립정부의 인물 문제를 놓고 전술적 계산을 하던 정치가들도, 무어라 표현하기는 어렵지만 그렇다고 무시할 수도 없는 집단적 잠재의식의 속삭임에서 완전히 자유로울 수가 없었다. 이 시기 몇 주 동안 모든 영국인이 그런 속삭임에 노출되어 있었다.

이제 와 돌아보면 그 속삭임은 대략 다음과 같이 요약된다. 체임벌린은 평화의 사람인데, 그의 화살은 과녁을 맞히지 못했다. 그는 평화를 원했지만 거기서 결국은 전쟁이 나왔고, 전쟁에서 그는 쓸모가 없다. 핼리팩스는 품위가 있고 유연하며, 조정과 적응의 사람으로 다의성을 갖추고 있다. 그의 인품이라면 평화에서 전쟁으로 가장 우아하게 넘어가는 이행을 성취할 것이고, 그가 기품 있는 우아함으로 퇴로를 찾아낼 것이라 믿을 수도 있다. 전쟁에서 패배한다면 그는 아마도 그럭저력 참을 만한 방식으로 그럭저럭 참을 만한 평화를 이루어 낼 것이다. 하지만 우리가 바라는 것이 과연 그것인가, 그렇다면 전쟁은 이미 패배했나? 맙소사, 그렇지 않다! 우선 전쟁에서 이길 수는 없는지 한번 봐야지. 영국에 지금 필요한 인물은 전사다.

그리고 영국에 그런 전사가 있으니 바로 처칠이다. 처칠은 전사다. 그는 전쟁을 사랑한다. 1차 대전을 즐겼을 뿐 아니라 1919년에도 곧바로 이어서 러시아에 맞선 새로운 전쟁을 하려고 했고, 1922년에는 터키에 맞서려 했고, 지금 우리가 맞고 있는 대²독일 전쟁을 그는 허용되기만 했다면 벌써 1935년 또는 1936년 또는 1938년에 이미 시작했을 것이다. 그가 전쟁의 사람이기에 우리는 그에게 방향타를 맡기지 않았다. 이제는 그런 사람이 필요하니, 지금 그가 알맞은 사람이다. 다르다넬스는 꺼지고, 노르웨이도 꺼져라. 그는 잘못했을지도 모르지만 어쨌든 전사고, 지금은 전쟁이다. 그는 자기가 무엇을 할 수 있는지 보여 주어야 한다. 어쩌면 우리를 곤경에서 구해 낼 수도 있을 것이다. (만일 그러지 못한다면, 여전히 핼리팩스에게 시간이 있다.)

처칠이 언제나 원했다고 모두들 생각하던 전쟁을 '영국'은 원하지 않았지만— 지금 영국에는 처칠이 있다. 그러니까 처칠이 전쟁을 이끌어야 한다. 그것은 유치하고도 한 번도 표현되지 않은, 하지만 압도적인 기본 사유로서, 이 시기에 이런 생각이 마치 거대한 물결처럼 모든 사려들을 뒤덮고 흘러넘치면서 처칠을 위로 밀어 올렸다.

5월 8일 표결에서 30명 이상의 보수당원들이 야당과 힘을 합쳐 현재의 정부에 반대표를 던졌고, 60명 이상이 기권했다. 체임벌린은 곧바로 사심 없이 단호하게 사직을 결심했다. 그러고는 핼리팩스를 후계로 삼으려고 이틀 동안 싸웠다. 하지만 저울은 이미 처칠 편으로 기울었는데 — 히틀러가 5월 10일에 서부전선에서 대규모 공격 명령을 내린 것이 결정적인 일격이 되었다. 이는 다시금 두 사내의 거의 신비로운 운명 결합이니, 1939년에 처칠을 영국의 정치 무대로 되돌려 보낸 것이 히틀러였다. 그리고 이제 1940년 5월 10일에 처칠이 총리가 되도록 결정한 것도 히틀러였다. 체임벌린은 5월 10일에 처칠에 대한 반대를 포기했다. 그리고 아직도 항거하는 대부분의 보수당원들이 처칠을 후원하도록 충실하게 정리했다.

잠깐 체임벌린의 개인적 비극으로 눈길을 돌려보자. 1939년 9월 초에 내각이 그 자신의 발의에 따라 영국이 적어도 3년 동안의 전쟁에 대비하기로 결정했을 때, 그의 머리가 테이블 상판으로 떨어졌다. 그가 다시 머리를 쳐들었을 때는 얼굴이 죽은 듯이 창백했다. 3년 동안의 전쟁이라는 생각이 그에게는 견딜 수가 없었던 것이다. 그런데도 그는 그런 발의를 했다. 마찬가지로 자신과는 대척점을 이루는 반대 유형의 인물인 전사戰士 처칠을 자신의 후계자로 만들고 가장 충실하게 처칠의 방패막이가 된 사람도 체임벌린이었다.

체임벌린 말고는 다른 누구도, 보수당원 다수가 수많은 경우 유산으로 물려받은 깊고도 오래된 처칠에 대한 불신을 지닌 채로 1940년 여름에 처칠의 편이 되도록 돌려세울 수가 없었을 것이다. 그는 사심 없이 단호하고 일관되게, 눈썹 하나 까딱하지 않고 이 일을 해냈다. 하지만 자신은 그 과정에서 부서졌다. 5월 10일에 그는 처칠에게 총리직을 넘겨주었다. 6월 16일에 갑자기 몸에 경련을 일으키며 쓰러졌다. 한 달 뒤에는 암으로 확진을 받았다. 그는 처칠 총리 아래서 석 달 동안 더 장관을 역임하면서 아무런 내색도 하지 않았다. 그리고 11월 9일에 죽었다.

처칠 자신은 자기를 총리로 만든 이 위기에서 그 어떤 적극적인 역할도 하지 않았다. 5월 8일에 그는 하원에서 있는 힘을 다해 정부를 방어했기에, 마지막으로 거대한 논쟁에 끼어든 늙은 로이드 조지가 그를 향해 소리를 치기까지 했다. "당신은 내각 동료들을 위한 조각 벙커를 만들지 마시오!" 체임벌린이 후계 문제를 상의하려고 처칠과 핼리팩스 경을 불렀을 때 처칠은 침묵했다. 물론 온 힘으로 권력을 원했다. 하지만 그는 미신적이고, 데어 본 적이 있는 아이였다. 그 무엇도 망치고 싶지 않

총리, 1940년.

왔다. 게다가 운명을 믿었다. 그토록 오래 자기를 가지고 장난 치면서도 보호한 운명이 마침내 자기를 무엇에 쓰려고 보호했 는지 보여 줄 것이고, 자기는 그것을 위해 아무것도 할 필요가 없었다고 느끼고 싶었다. 자신의 시간이 왔다. 그리고 그의 세 계대전 회고록의 유명한 구절 한 군데서 그는 이렇게 말한다.

나는 깊은 안도감을 느꼈다. 마침내 전체에 대한 권한을 지니고 명령을 내릴 수 있게 된 것이다. 운명이 바뀌었음 을 느꼈다. 그동안의 삶 전체가 바로 이 순간, 이 시련에 대비한 준비에 지나지 않았다는 느낌이었다. 정치적 황 무지에서의 10년은 나를 온갖 당파의 미움에서 해방해 주었다. 지난 6년 동안 나의 경고들은 수없이 많고도 정 교했지만, 이제야 무서울 정도로 옳은 것으로 드러났으 니 그 누구도 내게 저항할 수가 없었다. 그 누구도 내가 전쟁을 만들어 냈다고 비난할 수는 없었다. 전쟁을 위해 제때 준비하지 않았다고 나를 질타할 수도 없었다. 나는 전쟁에 대해 아주 많은 것을 이해한다고 믿거니와 실패하 지 않으리라고 확신했다. 그래서 새벽 3시 무렵 잠자리에 들면서 초조하게 아침을 기다렸지만 꿈도 꾸지 않고 잘 잤다. 위안을 주는 꿈이 필요하지 않았다. 사실들이 꿈보 다 더 낫다.

CHURCHILL

8

운명의 사람

1940년까지는 처칠이라는 인물을 세계사에서, 그리고 심지어 영국사에서 빼 버려도 전체에서 결정적인 모습은 바뀌지 않을 것이다. 하이라이트가 사라지겠지만 그 이상은 아니다. 1942년부터 그 이후도 마찬가지다. 처칠이 1943년에서 1944년으로 넘어가는 겨울에 테헤란 정상 회담에서 돌아오는 길에, 카르타고에서 병상에 들었다가 죽었다고 해도 본질적인 변화는 없었을 것이다. 1945년 독일과 히틀러의 유럽을 강철 집게발로 짓눌러 깨뜨릴 초대형 호두까기 기계가 이미 작동을 시작했으니, 처칠이 없었어도 똑같이 작동했을 것이다.

하지만 1940년과 1941년에 처칠은 운명의 남자였다. 이 기간에 그의 전기는 세계사 속으로 녹아든다. 둘 중 하나가 빠지면 이야기를 할 수가 없다. 이 결정적인 시기의 역사에서 처칠을 빼 보라― 그러면 더는 동일한 역사가 아니다. 아무도 처칠이 없었다면 이 역사가 어떻게 흘러갔을지 말할 수가 없다.

처칠이 없었다면 1940년 가을이나 1941년 여름에 영국과 독일 사이에 타협적 평화나 정전협정이 있었을까? 증명할 수는 없지만 배제할 수도 없다. 그렇게 해서 배후에 평화를 확보한 히틀러가 계획대로 러시아를 굴복시켰을까? 어쩌면 아니고, 어쩌면 그랬을 것이다. 1941년 10월 모스크바 앞의 결전이 얼마나 머리카락 같은 작은 차이로 아슬아슬하게 결정되었는지 생각해 본다면, 아마도 러시아를 굴복시켰을 거라고 말하고 싶어진다. 처칠이 아니었다면 미국이 독일과의 전쟁에 나섰을까? 다르게 질문하자면 이렇다. 처칠의 결정적인 자극과 계속되는 도움이 없었다면, 루스벨트 대통령은 미국이 독일에 맞서 참전하도록 만들 수가 있었을까? 아마 어려웠을 것이다.

물론 처칠의 영국이 혼자서 독일의 힘을 깨뜨리고 히틀러를 바닥에 쓰러뜨린 것은 아니다. 영국의 힘은 거기까지 미치지 못했고, 그것을 위해서는 두 강대국 미국 및 러시아와의 연합이 필요했다. 하지만 특히 1940년 6월부터 1941년 6월 사이에 죽도록 단호한 영국이 없었다면, 극히 부자연스런 이런 연합은 절대로 없었을 것이고, 처칠이 없었다면 아마도 죽도록 단호한 영국의 각오도 없었을 것이다.

줄여 말하자면 1940년과 1941년에 처칠이 없었다면, 지금도 78세의 히틀러가 대서양부터 우랄 산맥에 이르는, 또는 그 이상까지 미치는 거대 게르만 친위대 국가를 통치하고 있다고 상상해 볼 수 있다는 말이다. 처칠이 없었다면 오늘날에도 어쩌면 대영제국이 존재할지도 모르지만(히틀러는 대영제국이 존속하는 것을 보려고 했으니) ─ 아마도 강력한 파시즘과 야만적 형태를 하고서, 히틀러가 통치하는 유라시아 대륙국가의 불쾌한 주니어 파트너 노릇을 하고 있을 것이다. 20년대에 처칠 자신도 그토록 자주 추파를 보내던 세계의 반反혁명은, 아마도 처칠이 없었다면 적어도 처음에는 승리를 거두었을 것이다. 그리고 이것이 끝이 아니다. 히틀러가 러시아를 식민지로 삼고 난 다음에는 구세계의 정상에서 대영제국과 동맹을 맺고, 소망대로 미국에 맞선 청산 ─ 및 정복 전쟁까지 손수 지휘해서 그가 이겼을지도 모른다.

하지만 처칠이 있었고, 세계사는 다르게 진행되었다. 처칠 덕분에 영국은 1940년 결정적인 순간에 히틀러의 돌파를 방해하고, 엄격하고 꼼꼼하게 계산된 그의 관심에 마주 섰던 것이다. 그것을 위해 영국은 자신의 물리적 생존, 경제적 생존, 제국 방식 생존의 기반까지 걸었다. 영국의 물리적 생존은 성공적으로 방어했다. 하지만 영국의 경제는 나중에 무너지고, 제국도 잃었다.

처칠 덕분에 독일이 아니라 미국과 러시아가 유럽의 패권을 장악했다. 처칠 덕분에 파시즘은 세계 역할을 하지 못하고, 자유주의와 사회주의가 세계 정치의 우위를 두고 다투게 되었다. 처칠 덕분에 세계 반혁명을 물리치고 세계 혁명의 길이 열렸다.

그 대부분은 처칠이 가장 고약한 경우에 받아들이기는 했지만 원했던 것은 아니다. 그는 그렇게 억지로 받아들인 위험들을 피할 수 있을 것이라 믿고 또 희망했다. 그리고 그런 위험을 피하기 위해 끈질기게 싸웠지만 실패했다. 그것은 그의 비극이었다. 하지만 그는 한 가지만은 꼭 원했다. 히틀러와 히틀러 독일에 대한 무조건적 전면적인 승리였다. 꼭 필요하다면 모든 것을 다 바쳐서라도 말이다. 그런 전면적 승리를 달성했고, 그것은 그의 승리였다.

1940년 5월 13일의 저 유명한 "피와 땀과 눈물"의 연설, 총리가 되어 행한 최초의 의회 연설에서 처칠은 자신의 정책은 전쟁 수행으로 소진될 것이라고 선언했다. "인류 범죄의 어두운 목록에서 이보다 더할 수 없는 괴물 독재에 맞선 전쟁" 말이다. 자신의 유일한 목적은 승리 ─ "그 어떤 희생을 치르고라도 승리" ─ 란다. 그의 연설을 들은 수많은 사람들은 ─ 차분하고 둔감한 영국 의원들은 그 모든 것을 별 감동도 없고 큰 박수갈채도 없이 경청했는데 ─ 그것을 자기들이 이미 익숙한 처칠의 바로크 방식 수사법이라고 여겼을 것이다. 하지만 앞으로 드러나듯이 그것은 죽도록 진지한 말이었다.

몇 주가 지난 다음에 그는 그것을 더욱 분명하게 만들었다. 됭케르크 이후 런던에서, 히틀러가 흔들리는 프랑스를 향할지, 무장이 거의 해제된 영국을 향할지 아무도 알지 못하던 순간에 처칠은 의회에서 이렇게 선포했다.

나는 우리 섬나라가 정복되어 굶주리는 일이 일어날 거라고는 단 한 순간도 믿지 않지만, 만일 그런 일이 일어난다면, 시간이 흘러 신세계가 구세계를 해방하려고 무장하고 나타날 때까지 우리 제국과 함대는 싸움을 계속할 것입니다.

그것은 강력한 말이었다. 여전히 보수당이 다수이던 의회는 다시금 침묵 속에 경청했다. 충격과 불안감보다는 오히려 조용한 거부감을 뜻하는 침묵이었다.

하지만 처칠은 자기가 무슨 말을 하는지 알고 있었다. 그리고 그것을 실천에 옮길 것도 알았다. 영국에서 거의 누구나 오로지 살아남을 생각만 하던 그 순간에 ─ 그리고 일부 정치가들은 어떻게 하면 어느 정도 저항한 다음 그럭저럭 이 사건에서 벗어날 수 있을까를 생각하던 순간 ─ 처칠은 벌써 미국과의 새로운 전쟁 동맹과 이 동맹의 전면적 승리를 계획하고 있었다. 그런 총체적 승리를 위해 "이 섬나라"를 제물로 바쳐야

됭케르크, 1940년. 영국 군인들이 구원해 줄 배들을 기다리고 있다.

한다면 그것까지 감수하겠다는 것이다. 1940년에 처칠을 운명의 사람으로 만든 것은, 그야말로 문자 그대로 모든 것을 다 바쳐서라도 승리를 하겠노라는 이런 무시무시한 결심이었다.

1940년에 처칠과 영국은 아직 동일하지 않았다. 처칠이 줄곧 그렇게 주장하긴 했어도 그렇다. 그는 나중에 너그럽게 "사자 심장은 여러분의 것이었고, 내게 맡겨진 것은 사자의 포효를 전달하는 일이었을 뿐"이라고 설명했다. 하지만 이는 지나친 겸손이었다.

물론 1940년 특이한 영국의 방어 성공 — 포위되어 불타는 됭케르크에서 희생을 각오하고 군인들을 구해 낸 것, 영국 상공의 공중전에서 승리한 것, 이와 더불어 그해 말에는 이탈리아의 아프리카 군대가 궤멸된 것 — 에서 처칠의 개인적인 관여는 적은 편이었다. 그는 그런 성공에 영감을 주었다기보다는 주로 주석을 달았다. 그리고 처칠이 없었어도 영국은 궁지에 몰렸다면 죽을힘을 다해 저항했을 것이다. 영국이 불운에서 상상력 없이 침착한 끈질김이나 용기가 부족한 적은 없었다. 하지만 처칠이 없었다면 무엇을 했을 것이며, 어떻게 앞으로 나아갔을 것인가는 전혀 다른 질문이다. 영국은 대개 역사상 영웅적인 시간에도 냉철한 이점을 완전히 놓치지 않고 제때 전쟁을 중단하곤 했다. '불성실한 영국'perfides Albion 이라는 별명이 공연히 붙은 것은 아니다. 이번에 전혀 다른 길로 간 것, 그것은 처칠이 한 일이었다.

영국이 1940년에 스스로를 방어한 특이하게 뱃심 좋은 자신감과 확신 속에는 분명히 자기 제한의 요소가 있었다. 5월 말에 프랑스에서 모든 것이 무너지자, 영국의 어부들과 작은 선박의 선주들, 수상 스포츠를 즐기는 사람들 수백 명이 아무 요청도 받지 않고 자발적으로 자기들의 작은 배를 타고 폭탄이 우박처럼 쏟아지는 됭케르크에서 군인들을 데려오려고 나섰을 때, 그들은 영웅적인 용기만이 아니라 섬 주민의 본능도 함께 입증했다. 국왕 조지 6세 — 처칠보다 더욱 전형적인 영국인 — 는 당시 어떤 사적인 편지에 "우리가 지금 비위 맞추면서 조심스럽게 다루어야 할 그 어떤 동맹국도 없다는 것이 개인적으로 내 기분엔 더 낫다"고 적었다. 바로 뒤이어 영국의 외교관 한 명은 — 그것도 당시 은밀히 여기저기서 중립적인 나라들이나 독일의 중개자들과도 벌이던 매우 조심스러운 접촉 대화에서 — 영국이 유럽의 보증이던 시기는 지나갔다, 이제 영국은 저 자신을 생각할 때라고 말했다. 처칠은 그 말을 듣고 사자 발톱을 세우고 덤볐다.

됭케르크 이후로 아마도 대부분 영국인들의 마음에서는, "이 섬나라"를 잃어버린 다음이라도 계속 싸울 것이라던 처칠의 말보다는 이 외교관의 말이 울려 나왔을 것이다. 또는 2주 뒤에 프랑스가 항복하고 나서 처칠이 선포했던 다음의 말보다는 말이다.

> 우리가 요구한 것은 정당합니다. 우리는 거기서 그 무엇
> 도 버리지 않을 것입니다. 작은 줄 하나, 점 하나도 버리
> 지 않을 것입니다. 체코인, 폴란드인, 노르웨이인, 네덜
> 란드인, 벨기에인의 문제는 우리 자신의 문제와 하나입
> 니다. 그들 모두가 다시 일으켜 세워져야 합니다. (다른
> 한편 나치 독재는) 영원히 부서져야 합니다.

영국이 아직 제 목숨을 구하려고 싸우던 1940년에 처칠은 이미 근본적으로 히틀러의 무조건 항복을 요구했던 것이다.

마오쩌둥은 자기 자신을 보존하고 적을 궤멸하는 것이 전쟁의 정수라고 말했다. 그러니까 '영국'과 처칠은 1940년에 이 두 가지 전쟁 목적을 분할해서 각기 나누어 가졌다. '영국'은 자신을 구하기 위해 싸웠지만, 필요하다면 적을 궤멸하는 일은 포기할 각오가 되어 있었다고 할 수 있다. 하지만 처칠은 적을 궤멸하기로 굳게 결심했고, 그것을 위해 최악의 경우 영국의 생존까지 희생할 각오를 했다. 그것 말고도 그는 이로써 아마도 의식하지 못한 채로, 자기 나라와의 사이에 발언되지 않은 섬세하고 깊은 오해의 초석을 놓았던 것인지도 모른다. 그것이 결국 1945년 그가 가장 위대한 외적인 승리를 거두는 순

간에 그의 추락을 불러왔다.

그의 결심의 뿌리는 무엇이었던가? 1940년의 처칠을 그렇듯
전설의 인물, 그러니까 런던을 활활 태우는 불길에 둘러싸인
채 맨주먹으로 지구를 들어 올리는 태고의 전쟁 데몬으로 만들
어 버린 궤멸 의지는 대체 어디서 온 것일까?

그가 당시 승리를 거두고 있던 히틀러에게 퍼부어 댄 무시
무시하게 도전적인 욕설, 모든 교량을 다 부수어 버릴 만한 욕
설 대포들을 읽다 보면 — "이 사악한 인간, 증오의 화신, 영혼
의 암세포 부화기, 질투와 치욕 사이 기형아. 우리는 형리의 칼
을 손에 쥐고 그의 뒤를 바싹 쫓으리라" — 한순간 젊은 시절의
과격주의가 그의 내면에서 도로 살아났다고 믿고 싶어질 지경
이다. 히틀러를 살아 있는 사탄처럼 미워하던 유럽과 영국의
좌파들이 그의 말을 듣고 깊은 내면에서 열광의 눈물을 흘렸
으니 말이다. 이미 오래전부터 그들 눈에는 히틀러라는 큰 악
마 아래 작은 하급 악마 정도로 보이던 처칠이, 이제는 영국과
다른 나라에서도 좌파의 영웅이 되었다.

하지만 그렇다고 이제 그가 도로 그들 중 한 사람, 과격분
자, 진보주의자, 좌파가 되었다고 믿는다면 너무 성급한 일이
다. 2차 대전의 처칠은 전혀 그런 사람이 아니었고, 뒷날 전쟁
의 진행에서 그것을 분명히 보여 주었다. 물론 그는 처음에 좌
파가 필요했다. 좌파만이 절대적 승리 의지, 궤멸 의지를 자기

와 공유했기 때문이다. 방금까지도 히틀러를 높이 찬양하면서 강하게 만들어 준 영국 보수파는, 아직도 히틀러와의 동반 관계 의도가 어째서 망가졌는지 제대로 알지도 못했고 처칠의 그런 승리 의지를 공유하지도 않았다. 처칠은 좌파에게 말로만 비위를 맞춘 게 아니라 행동으로도 잘 대우했다. 예를 들어 당시 노동조합 세계를 지배하던 어니스트 베빈Ernest Bevin은 14년 전의 총파업을 지휘한 인물로서 파업 당시 처칠은 그에게 맞서 내전이라도 일으킬 생각이었지만, 이제는 그를 자신의 내각으로 불러들여 노동계의 실질적 독재자로 만들었다. 처칠은 동원 가능한 온갖 도구를 다 동원했고, 좌파 반反파시즘도 물론 포함시켰다. 하지만 그 자신은 과거나 현재나 좌파 반파시스트가 아니었다.

그렇다면 그것은 히틀러에 대한 개인적인 미움이었나? 개인적인 결투의 감정이 어딘가에 있었을 테고 히틀러에 대한 처칠의 혐오도 진짜였다. 타고난 대귀족이 벼락 출세자에 대해 갖는 혐오감, 기사도를 지닌 매우 인간적인 사람이 천박하고 잔인한 사내에 대해 갖는 역겨움이었다. (처칠은 타고난 전사임에도 매우 인간적이었고, 자주 다정한 사람이었다. 마치 정열적인 사냥꾼이 흔히 동물을 몹시 사랑하는 사람인 것과 비슷하다. 더 약한 존재, 패배한 존재에 대한 잔인성을 그는 죄악처럼 싫어했다. 이런 종류의 잔인성은 히틀러의 성격

특성이었다.) 그렇다고 처칠이 순수하게 인간적인 증오감에서 세계대전을 이끌었다고 믿는다면 처칠을 너무 얕잡아 평가하는 일이다. 그 밖에도 전쟁이 진행되면서 히틀러에 대한 그의 미움이 차츰 사라지는 것을 보면 흥미롭다. 처칠이 공개적으로 히틀러에 대해 말하는 톤은 저주와 끝없는 욕설에서 점점 강도를 낮추는 조롱으로 바뀌었다. 승리의 해인 1945년에 처칠은 더는 히틀러에 대해 말하지 않는다. 히틀러는 그의 관심사가 아니었던 것이다.

아니다, 처칠을 몰아간 것은 반파시즘도 개인적 증오도 아니었다. 그렇다고 일반적인 애국심도 물론 아니었다. 그런 애국심이라면 영국의 이익과 영국의 생존을 그토록 무자비하게 다루지는 않았을 것이다. 그를 몰아간 것은 명예욕이었다. 그것도 이중=≡의 명예욕. 정치인으로서의 명예욕과 처칠 개인의 명예욕이었다(거의 예술가 처칠의 명예욕이라고 말하고 싶어진다).

정치가로서의 명예욕, 제 나라를 위한 명예욕이 결국은 핵심 동기였다. 그가 제 나라의 몰락까지 각오했다는 것은 이런 말과 모순이 되지 않는다. 명예욕과 희생은 결국은 서로를 배제하지 않고, 오히려 한데 속하는 것이다. 처칠은 영국의 **목숨**을 걸 각오가 되어 있었다. 타협적 평화에 들어 있는 **치욕**만은 반드시 영국에 면제해 줄 생각이었다.

어째서 그랬던가? 영국은 히틀러 앞에 정지 신호를 내놓았었다. 뮌헨과 프라하의 경험 이후 그것은 다음과 같은 의미였다. "네가 만일 폴란드마저 공격한다면 우리는 너의 목숨을 노릴 것이다." 히틀러는 경멸의 태도로 이런 경고를 무시하고 폴란드를 공격하여 정복했다. 이제 영국은 히틀러의 목숨을 노리지 않으려면 할 일이 아주 많았다. 영국이 이제 겨우 자기방어에 성공한 상태에서 히틀러와 타협한다면, 영국이 겨우 제 목숨만 보존하고는 폴란드를 상대로 거둔 히틀러의 잔인한 승리를 인정해 준다면 — 그리고 물론 그런 타협을 한(그런 일을 할 것이라 생각되는 영국 정치가들이 여럿이나 있었으니) 영국의 정치가들은 그것을 국가이성의 아름다운 성과라고 주장했을 테고, '영국'은 안도하면서 아마도 그것을 인정해 주었을 것이다. 하지만 그것은 물론 온 세상에 수치스런 치욕이 되었을 것이다.

역으로 영국이 스스로의 목숨마저 극단적인 위기에 처한 지금도, '폴란드를 공격하면 히틀러의 목숨을 빼앗을 것'이라는 자기 말을 지킨다면, 마지막에 이 약속을 실천한다면, 영국의 긴 역사에서 다른 무엇보다도 더 큰 명예가 되지 않겠는가? 그게 정말로 불가능한가? 처칠은 한 가지 가능성을 보았으니, 그것은 미국이라는 이름이었다.

미국이 영국 편을 드느냐 아니면 영국이 몰락하는 꼴을 바라보느냐의 양자택일 앞에 세워진다면, 미국은 영국을 후원하지 않을 수 없을 것이다. 히틀러가 대서양의 주인이 되는 꼴을 참을 수 없을 것이기 때문이다. 미국이 영국 편을 든다면, 조만간 영국의 전쟁에 완전히 동참하지 않을 수 없다. 그렇게 되도록 만들 수가 있다. 미국과 대영제국의 단합된 힘이면 전면적 승리가 가능하다고 처칠은 생각했다.

아마도 간신히 말이다. 분명 전쟁은 오래 계속될 것이다. 영국도 아직 전체 무장 및 전체 동원령을 내리지 않은 상태였고, 미국은 무장과 동원령을 아예 시작조차 하지 않았다. 하지만 긴 시간에 걸친 공동의 전쟁은 끔찍함과 고통 말고도, 짐작도 못한 승리와 영광스런 통합의 가능성을 제공하는 것이 아닌가? 히틀러에게 승리를 거두는 것과 동시에 영어 사용 국민들의 재통일 같은 것이 이루어진다면 — 그렇게 뭉친 힘은 세계를 발밑에 두게 되지 않겠는가?

처칠이 1940년 여름 가장 힘들던 시기에 이미 이런 전망을 눈앞에 분명히 보고 있었다는 사실이 입증된다. 영국 상공의 공중전이 아직 결말을 내지 못한 채 계속되고, 독일군의 영국 본토 침입이 예견되던 8월에 (영국 본토에는 반격 수단도 별로 없었는데) 그는 의회에서 영국과 미국이 "가까운 장래에 어느 정도 혼란스런 소동이야 겪을 것"이지만, 그런 다음엔 소년의 엉성한 노래이던 것이 찬가가 되면서, 장차 영어 사용 민주

폴란드에서 전진하는 독일군.

국가들의 통합체가 멈출 수 없이 축복을 베풀며 "미시시피강처럼" 당당하게 흘러갈 것이라고 말했다. 그리고 여기서도 그는 문자 그대로의 의미로 말했던 것이다.

하지만 자기 나라를 생각하는 정치가 처칠의 명예욕에만 열중해서 전쟁 예술가 처칠의 개인적인 명예욕, 현세와 후세에 자기에게 돌아올 명성에 대한 욕심을 못 보고 지나쳐서는 안 된다.

이 두 가지는 현실적이고도 효과적이었으며, 그중 어느 것도 동기가 되기에 충분했을 것이다. 자신의 말을 영광스럽게 실천할 뿐만 아니라 그 과정에서 거의 200년 동안이나 반항적이던 미국을 되찾아 새로운, 더 높은 통일국가로 끌어올린다는, 정치가로서의 거대한 전망— 하지만 동시에 평생 힘껏 달려 보지도 못한 채 언제나 거듭 거부되고 거의 실패한, 거의 경멸당한 늙은 정치가 겸 전쟁 전문가의 불타는 개인적인 명예욕도 작용했으니, 터무니없이 진행되어 불운한 상황에서 거의 패배한 전쟁을 최후 곤경의 순간에 손에 움켜쥔 사람, 그런데도 비용이야 어찌 되든 모든 시대의 가장 위대한 승리를 만들어 낼 수 있다고 믿고, 또한 굳게 결심한 사람의 명예욕이었다. 정치가 처칠에게만 정신이 팔려서 이런 데몬 처칠을 못 보아서는 안 되고, 또한 이런 데몬에만 정신이 팔려서 정치가를 못 보아서도 안 된다. 이 둘이 이 순간 동시에 최고 절정에 도달했고,

이미 정말로 가장 깊은 곤경에 빠져 있던 영국에는 최후의 순간에, 그리고 이제 65세이던 처칠에게도 역시 최후의 순간에, 그가 자신의 최고 업적을 향해 남은 생명력을 모조리 몰아쳤으니— 그것이 바로 처칠을 운명의 사람으로, 그리고 1940년 6월부터 1941년 6월까지의 한 해를 항구적인 처칠의 시간으로 만들어 준 것이었다.

그렇다면 그는 이 기간에 정말로 무엇을 했나, 아주 구체적으로 질문해서 그는 무슨 일을 해서 운명을 바꾸었던가? 이미 말했듯이 1940년 영국의 방어 전쟁에서의 그의 역할을 지나치게 평가해서는 안 된다. 그의 실질적인 행동은 다른 것, 아직 제대로 찬양된 적이 없는 일이었다.

네 가지가 결정적이었다. 첫째, 모든 유화주의 정치가들을 배제한 일이었다. 둘째, 거의 국가 쿠데타를— 실제로 그렇게 불러야 마땅한데— 통해 처칠은 스스로 총사령관이 되었다. 셋째, 가차 없이 밀어붙인 산업 동원령으로 반년이라는 짧은 시간에 영국을 단단히 무장한 요새로 만들면서 동시에 파산 국가로 만들었다. 그리고 넷째, 외교관, 외무부, 의회를 완전히 배제한 채 루스벨트 대통령과의 개인적 서신 왕래를 통해 영미 동맹을 만들어 낸 일이었다.

처칠은 유화주의자들의 배제를— 또한 그로써 타협 평화의 가능성을 미리 차단하는 것도— 그에게는 흔치 않은 정치적 능숙함과 우아함으로 이룩했다. 그는 당시 좌파가 열렬히 요구하던 "죄를 지은 사람들"의 도편 추방을 거부했다. "현재가 과거를 심문한다면 미래를 잃어버릴 것"이라고 너그럽게 설명했다. 유화 정책 시기의 모든 유명 정치인들에게—그들은 어쨌든 보수당의 엘리트들이었으니—높은 관직을 부여해서 그들을 아주 바쁘게 만들면서 동시에 별로 해롭지 않은 옆 레일로 보내 버린 것이다. 한 명은 법무장관이 되었고, 다른 한 명은 교육장관(근본적인 학교 개혁을 완수하라는 과제와 함께, 그리고 그 자신도 전쟁 한복판에서 어느 정도 동참한 과제)이 되었다. 또 다른 사람은 스페인 대사로 삼아 마드리드로 보냈고, 모두 중에 가장 중요한 그리고 처칠 자신의 라이벌이기도 한 핼리팩스 경에게 처음에는 외무장관직을 내주지 않을 수 없었다. 하지만 그해 말에 대사로 만들어서 워싱턴으로 보냈다. 특별한 명예와 함께, 그리고 전시 내각의 각료 직책을 명목상 그대로 지닌 채로 말이다. 하지만 그는 멀리 떨어졌다. 체임벌린은 죽었다. 그리고 체임벌린의 장례식이 끝나자마자 처칠은 별로 열광하지 않는 보수주의자들을 강요해서 자신이 당대표로 선출되었다. 1940년의 상황에서 그들에게는 달리 도리가 없었다. 이제 처칠은 자신을 한 번도 좋아하지 않았고, 아직도 여전히 자기 정책을 무너뜨릴 수도 있는 당을 장악했다. 그리고 15년 동안이나 당권을 내놓지 않았다.

처칠은 부지런히 의회로 가서, 극히 인습적인 방식으로 중요한 정당들의 가장 중요한 정치가들로 '전시 내각'을 구성했다. 그러고는 이 전시 내각이 최고 심급이자 결정권자라고 무척 겸손한 태도로 거듭 강조했다. 하지만 동시에 전술상의 천재적 발상으로 스스로 '국방장관'직을 떠맡았다. 이는 그때까지는 존재하지도 않던 관직이고, 그것의 정확한 관할조차 제대로 규정하지 않았다. 실제로는 이로써 스스로 총사령관직을 떠맡은 것이었다. 전쟁부, 해군부, 공군부 장관들을 단순히 보조 및 행정 관료로 격하시켰다. 그러고는 국방장관 자격으로 조용히 3군의 참모총장이 되었다. 총리 처칠은 온갖 정치적 방해 시도에 맞서 총사령관 처칠을 보호했다.

총리 처칠은 모든 것을 가벼운 손으로 통제했다. 총사령관 처칠은 강철 빗자루를 쥐었다. 고위 장교들을─여기서 "낡은 기계들"과 "복무자들"에 대한 그의 관점을 알게 되는데─가차 없이 숙청했다. 총참모총장은 즉시 떠나야 했고, 공군부 참모총장은 몇 달 뒤에 나갔다. 전쟁이 경과하면서 처칠이 얼마나 많은 장군들을 떠나보냈는지 헤아릴 수도 없다.

총사령관 처칠은 잘못이 없지 않았다. 그는 모든 아마추어 전략가들에게 나타나는 전형적인 실수, 곧 자신의 병력에 과도한 요구를 한다는 실수를 저질렀다(결국 젊은 시절의 군대 경력에도 불구하고 스탈린이나 히틀러와 마찬가지로 그도 아마추어 전략가였으니 말이다). 함대나 공군에게 그랬다. 언제나 거듭 거의 실현 불가능한 과제들이 나왔으니, 전쟁 내내 그들은 스토아 방식으로 전문적인 필사의 용기로 싸웠다. 하지만 거의 500만 명에 이르는 징병 군인들에게 처칠은 사려 깊은 사령관이었다. 처칠의 지속적인 과잉 요구가 그들의 사기를 떨어뜨려서 전쟁 중반에는, 싱가포르와 토브룩Tobruk [오늘날 리비아의 투브루크]에서 거의 싸우지도 않고 항복하는 사태도 벌어졌다. 전쟁의 마지막 몇 년 동안 군대에서 처칠보다 훨씬 인기가 높았던 몽고메리* 장군의 특별한 재능이 필요했다. 그가 영국 병사들의 사기를 다독여 다시 건강하게 만들고, 마지막에 그야말로 존경할 만한 최후의 스퍼트를 하도록 만들 수가 있었다.

하지만 아무도 총사령관 처칠에게서 한 가지 위대한 공적을 빼앗을 수는 없다. 그는 1차 대전 내내 그리고 2차 대전 초기에도 제각기 질투심에 불타면서 제 목숨만을 부지하던 3개 군대를 하나로 기능하는 통일체로 만들었다. 다르다넬스와 노르

■ Bernard Law Montgomery(1887~1976): 2차 세계대전 중 이집트에서 로멜의 독일군을 무찔렀고 노르망디 상륙 작전에 가담하여 영국군 사령관으로서 전공을 세웠다. 전후에는 영국 육군 참모 총장, 나토군 부사령관을 지냈다.

웨이 작전에서와 같은 육군과 해군의 협동 작전 실패는 그의 치하에서는 없었다. 또한 수륙 양군이 점점 더 조직적으로 이룩해 낸 막강한 상륙 작전들 — 북아프리카, 시칠리아, 이탈리아, 그리고 마지막에 노르망디 상륙 작전 — , 그것을 가능케 한 사람이 처칠이었다. 이런 업적이야말로, 온갖 저돌적 행동과 군사적 망상에도 불구하고, 그를 역사상 최고의 야전 사령관 대열에 끼워 넣는 것이다.

처칠의 세 번째 행동은 거의 너무 서둔, 그리고 극단적 가혹함으로 밀어붙인 총동원령이었다. 1940년 부활절에 영국의 해변 산책로는 산보객들로 붐볐고, 바닷가로 가는 도로들은 자동차로 가득 찼으며, 일급 호텔들 앞에는 여전히 제복을 입은 문지기들이 서 있고, 산업도시들마다 실업자가 100만 명씩은 되었다. 전쟁 첫해 겨울 체임벌린 내각의 재정 정책을 비판하는 사람들은, 이런 정책이 영국이 패전한 다음에도 여전히 전쟁 배상금을 지불할 수 있게 하려는 것이라고 비아냥거렸다. 처칠의 통치 아래서 그런 일은 재빨리 과격하게 끝났다. 그가 상정한 최초의 법안은 5월 22일에 만장일치로 통과되었는데, 영국의 모든 개인과 모든 재산은 전쟁의 목적을 위해 유보 없이 정부가 이용할 수 있다는 내용이었다. 6개월이 지나자 영국에서 실업자는 말끔히 사라지고, 해안의 산책로에서는 군사훈련이 행해지고, 징발된 호텔에서는 전쟁 관청들이 일을

했다. 공장들은 하루 24시간 무기와 군수품을 생산하고, 수출은 거의 중지되었으며, 마지막 보유 외환은 무기를 사들이는 데 충당되었다. 1940년 말에 영국의 해외무역은 파산하고 국제수지는 무너졌다. 체임벌린이 언제나 두려워하던 것이 바로 이것이었고, 영국은 지금도 이것을 복구하느라 고생하고 있다. 하지만 덕분에 됭케르크 이후 거의 무기도 없던 나라에서 거의 완전 무장한 29개 사단이 생겨났고, 항구와 비행장에는 그해의 손실 많은 해전과 공중전 이전보다 더 많은 전함들과 전투기들이 생겨났다.

그리고 뻔히 보면서도 받아들인 파산조차 처칠은 전쟁 무기로 만들 수가 있었다. 이제 미국은 더는 회피할 수가 없었다. 미국은 공짜로 물자를 공급하고, 그로써 영국의 사태를 공공연히 자신의 일로 만들어야 했다. 그러지 않았다가는 지금껏 공급한 모든 것은 물론 영국까지 무너지게 하고, 히틀러를 대서양의 주인으로 만들 참이었으니 말이다. 처칠은 불타는 런던을 동원해 이미 미국에 도덕적인 압박을 가한 다음, 영국 파산이라는 무기로 최종 압력을 가했다.

처칠의 네 번째 가장 힘든 작업, 가장 열렬한 구애부터 가장 차가운 압박까지 온갖 수단을 다 동원하여 계속 추구한 것이 바로 미국을 영국 전쟁에 끌어들이는 일이었기 때문이다. 그는 결코 중단한 적이 없는 루스벨트 대통령과의 개인적 서신 교환을 통해 그것을 이루어 냈다. 그는 이 편지들을 적어도 자신의 위대한 연설문만큼이나 세심하게 다듬었다. 루스벨트는 개인적인 여러 이유에서 유럽 독재자들의 적이었고, 유럽으로의 십자군 출정을 꺼리지 않았다. 하지만 1940년은 대통령 선거가 있는 해였다. 그는 매우 조심스럽게 행동해야 했다. 미국의 여론은 전투적인 것과는 거리가 멀었고, 개입도 좋아하지 않았다. 게다가 미국은 전혀 무장도 되지 않았다. 설사 미국이 무장을 시작해서 장래의 갈등에 개입한다고 하더라도 — 파산한 영국의 기획에 전쟁 자본을 투입하는 것이 쓸모 있는 일일까? 당시 런던 주재 대사이던 조지프 케네디^{Joseph Kennedy}(뒷날 케네디 대통령의 아버지)는 매일 보고서를 작성하여 본국으로 보냈다.

처칠은 여기에 고리를 걸었다. 그의 과제는 매우 힘들고, 실은 불가능한 일이었다. 한편으로는 영국이 절대로 패배하지 않는다고 루스벨트를 설득해야 했다. 다른 한편으로는 영국이 즉시 붕괴되지 않으려면 도움이 절실하다고도 설득해야 했다. 한편으로는 대영제국은 설사 "이 섬나라"를 잃어버리는 한이 있더라도 절대로 항복하지 않을 것이라고 설득해야 했다. 다른 한편으로는 루스벨트를 지나치지 않을 만큼 안심시키면서, 그 자신의 표현대로 미국은 가장 고약할 경우 "영국이 빠진 대영제국의 후계자"가 될 수도 있다는 사실을 알려야 했다. 그

처칠이 공습 뒤의 런던을 돌아보고 있다.

의 핵심적인 압력 수단은 영국의 항복이라는 결과를 동원해서 루스벨트의 지옥을 뜨겁게 달구는 일이었다. (그러니까 다른 정부 아래서 말이다. 처칠 자신은 절대로 항복하지 않을 것이고, 어떤 기회에 그가 자신의 내각에 천명한 것처럼, 다우닝가 10번지의 계단들을 자신의 피로 물들인다 해도 항복은 하지 않을 것이니 말이다.) 패배한 영국에서 죽은 처칠의 후계자가 온건한 대우를 받기 위해 내놓을 수 있는 것은 분명히 영국의 함대다. 그러면 히틀러는 프랑스, 이탈리아, 독일 함대에 덧붙여 영국 함대까지 차지하게 되고, 그러면 미국의 동부 해안으로 연결되는 대서양을 지배할 것이다. 처칠은 지치지 않고 이것을 루스벨트에게 주입했다. 동시에 미국의 양심에도 압력을 가했다. 처칠이 고전적인 문장으로 영국 상공의 공중전에서 영국 전투기들의 승리를 언급한 말, 곧 "그 어떤 전쟁에서도 그렇게 많은 사람들이 그렇게 많은 일을 하고도 그토록 적은 죄를 지은 적이 없다"는 말은 주로 미국을 향한 말이었다.

이 모든 것은 영국의 공공연한 파산에 이르기까지 아주 고통스럽도록 느리고, 고통스럽도록 가시적인 성과가 적은 채로 계속되었다. 영국은 결정적인 전환점을 가져오기 위해 우선 파산해야 했다. 물론 이제부터 영국에 무상으로 군수품을 공급할 미국의 책임은 '조차'라는 이름으로, 즉 영국이 미국의 무기와 탄환을 '빌리는' 것이며, 그냥 '임차하는' 것뿐이라는 허구 아래 이루어졌다.

아마도 처칠은 미국이 그토록 공개적으로 중립을 깨뜨리면 히틀러 스스로 미국에 선전포고를 할 것이고, 그로써 자신은 그 모든 근심에서 해방되기를 희망했을 것이다. 하지만 처음에는 전혀 그렇게 되지 않았다. 히틀러는 그동안 대러시아 전쟁을 결심했고, 미국의 적대적인 행동을 한동안 못 본 척했다. 1941년 내내 그랬다. 비록 그 사이 재선에 성공하여 4년 임기를 보장받은 루스벨트가 히틀러에게 바늘로 콕콕 찌르듯이 통증을 가하면서 공개적인 참전을 향해 한 걸음씩 다가가고는 있었지만.

여기서 이 길고 예민한 역사의 그 모든 전환들, 희망과 실망들을 일일이 제시하기란 불가능하다. 일본이 공격에 나선 1941년 늦가을에 거의 참기 힘든 마지막 긴장이 나타났다. 일본 외무장관은 화려한 언사를 동원하여 이렇게 말했다. "서쪽에서 폭풍이 불면 동쪽에서 나뭇잎이 떨어진다." 일본은 떨어지는 나뭇잎을 주워 모을 셈이었다. 하지만 어떤 나뭇잎 말인가? 일본이 극동의 영국, 프랑스, 네덜란드 점령지들을 주워 모으고, 지혜롭게도 미국은 건드리지 않고 놓아둔다면 어떤가? 미국은 그것을 전쟁 발발이라고 볼 것인가? 루스벨트는 침묵했다. 그가 전쟁을 감행할 것인지 아직 불확실했다. 하지만 설사 일본이 곧바로 미국까지 공격한다 해도—그러면 미국은 모든 에너지를 일본에 집중하고 유럽에서 벌어지는 영국의 전쟁을 잊어버리지는 않을까? 아무런 답도 없는 괴로운 질문들이었다. 답을 잘못 내렸다가는 처칠이 루스벨트와 점점 더 합심하여 그토록 끈질기게 만들고 준비해 온 모든 것이 허사로 돌아갈 것이다. 그러면 처칠의 온갖 전쟁 계획은 발밑에서 지반을 잃어버릴 것이고, 그 자신은 그에 맞서 아무 일도 하지 못할 것이다. 전혀. 그는 한 번 더 눈먼 운명의 손아귀에 놓였다. 하지만 운명은 그토록 자주 자신을 놀리고 조롱했지만 결국은 자신의 충실한 신으로 판명되곤 하지 않았던가? 아니면 운명이 한 번 더 잔인하게 자신을 바보로 만들 것인가?

　일본의 진주만 기습과 히틀러의 대미對美 선전포고는 이 몇 주 동안의 고문에서 처칠을 해방시켰다. 가슴을 짓누르던 거대한 산더미가 사라졌으니 비할 바 없는 해방감과 안도감이 들었다. 영국이 동아시아에서 날아든 새로운 흉보들로 신음 소리를 내던 이 며칠 동안 처칠은, 오랫동안 사형 선고가 연기된 상태에서 사는 것에 익숙해져 있다가 갑자기 석방 소식을 들은 사람과 비슷했다. 진주만은 절반의 해방이었고, 히틀러의 대미 선전포고는 완전한 해방이었다.

　이 소식을 들은 처칠의 반응을 서술하는 여러 보고들이 있다. 한결같이 둑이 터진 듯 과도하게 기뻐하는, 무뚝뚝하고 강력한 노인을 한 번 더 소년으로 만드는 엄청난 안도감을 알려

준다. "이제 우린 살았어!" 그는 거듭 이렇게 외쳤다. "이제 전쟁에서 이겼다!" "결국은 말이지!" 그 어디에도 보고는 없지만 이런 모든 서술은 윈스턴 처칠이 이날 저녁, 술에 취해 있었다는 인상을 남긴다.

CHURCHILL

9   승리와 비극

처칠 개인에게 전쟁은 뚜렷하게 구분되는 세 시기로 나뉜다. 최초의 시기는 1940년 5월부터 1941년 12월까지. 이 시기에 위험—치명적이고 직접적인 생명의 위협—은 오로지 적에게서만, 곧 히틀러에게서만 왔다. 이 위험한 시기를 처칠은 영광스럽게 이겨 냈다.

1941년 12월 이후로 히틀러는 더 이상 진지한 위협이 되지 않았다. 1941년 12월부터 1942년 11월까지—그 어떤 몰락의 위협도 없었지만 승리의 전망도 보이지 않던 중간기에—처칠에게 위험은 고국의 정치 전선에서 왔다. 갑자기 다시 비판과 반대, 그를 무너뜨리려는 힘들이 나타났던 것이다. 그는 그것을 무사히 처리했고, 1942년 말부터 종전까지는 평온하게 지냈다. 결국 드러나게 되지만 이는 기만적인 평온이었다.

이 세 번째 시기 그의 진짜 적대자는 동맹국들이었다. 스탈린과, 1943년 말 이후로는 루스벨트도 적이었다. 그들에 맞서 처칠은 패배했다. 1945년 5월에 관심을 이미 잃은 히틀러에 대한 최종 승리는 그에게 입맛 쓴 일이었다. 이 최종 승리는 스탈린과 루스벨트에게 맞서 처칠이 패했음을 확인해 주었다.

그가 아직 절망적으로 이 패배에서도 하나의 승리를 얻으려 애쓰는 동안— 그는 포기할 줄을 몰랐으니— 1942년 고향 전선에서의 승리도 '피루스의 승리'▪였던 것으로 밝혀졌다. 1945년 7월에 그는 선거에서 지고 권력을 잃었다.

1942년에 조국의 전선에서 다시금 처칠을 위협한 것은 무엇이었던가? 겉으로만(하지만 그렇다고 틀린 것도 아닌) 보면 단순히 1942년에 영국이 심각한 군사적 패배들을 겪었다는 점 때문이었다.

1940년과 1941년에는 지속적인 생명의 위험에 맞서 수많은 중요한 방어전 성공들이 있었다(중간에 그리스 원정 같은 돌진이 실패했다는 사실을 감수하고도 말이다). 1942년 말부터는 거의 오로지 승리만 나타난다. 그 사이에 들어 있는 1942년에는 거의 1년 내내 모든 것이 실패로 돌아갔다. 일본군은 말레이와 버마에서 이기고 인도를 위협했다. 독일의 에르빈 로

■   전쟁에서 희생을 많이 치르고 승리했지만, 실익은 별로 없는 것을 일컫는 말이다.

멜Erwin Rommel은 나일 군대를 제패하고 이집트 안으로 깊숙이 돌진했다. "난공불락인" 싱가포르 요새는 10만 명 이상의 병사를 거느린 채 비참하게 항복했다. 전년도만 해도 여러 달이나 고립되어서도 버티던 사막의 보루 토브룩은 어느 날 공격 즉시 무너졌다. 과도한 요구를 받던 함대는 그야말로 무자비하게 줄어들었다. 태평양에서, 인도양에서, 지중해에서, 러시아로 향하던 북빙양 호송 행렬도 모두 마찬가지였다. 유보트로 인한 상선의 손실도 늘었다. 디에프Dieppe[프랑스 북부, 영불해협에 면한 항구도시] 상륙 실험은 충격적 결과를 불러왔다. 인도는 복종을 철회하고 간디와 네루가 마지막으로 영국 형무소에 갇혔다.

히틀러 시대 이전에 늘 부당하게 등장하곤 하던 반동주의자 처칠에 대한 옛날 기억들이 다시 깨어났다. 하지만 사람들은 육상전이나 해전에서 마치 장마처럼 갑작스럽게 쏟아지는 패전 소식들을 듣고 처칠에게 분노했다. 결국은 그가 전쟁에 대해 뭘 좀 알기에 그를 총리로 임명했었다. 그런데 그 자신이 믿는 것만큼 많이 알지 못하는 게 분명했다. 전쟁의 상황이 좋아지기는커녕 점점 더 나빠지고 있으니 말이다!

7월에는 의회에서 불신임안이 나왔다. 이는 투표로 부결되었지만 신뢰 위기는 계속되었다. 9월에는 내각의 위기가 나타났고 심지어 갑자기 경쟁 후보까지 등장했다. 처칠이 우파 아웃사이더였다면 좌파 아웃사이더이던 스태퍼드 크립스 경Sir Stafford Cripps 이 그 사람이다. 평화 시라면 크립스는 총리가 될 기회가 아예 없었을 것이다. 하지만 전시에 모든 정당이 참여하는 연합 정권에서는 모든 것이 가능했다. 그리고 크립스는 처칠의 대립상이었다. 처칠에 대한 실망감이 나타나는 것과 같은 정도로 그가 대중의 마음을 사로잡았다. 그는 차갑게 빛나는 지성을 지닌 금욕주의자, 청교도와 과격파를 혼합한 일종의 로베스피에르 같은 사람으로, 의문의 여지 없이 위대한 인물이었다. 얇은 입술과 칼날같이 예리한 자기만의 방식을 지닌, 어딘지 채식주의자의 소심함을 지닌 사람이었다.

9월에 크립스는 내각에서 물러나겠다고 선언했다. 처칠의 경쟁 후보로 나설 것임을 전제로 한 선언이었다. 처칠은 눈앞에 다가온 거대한 북아프리카 작전이 끝날 때까지 연기하자고 그를 설득하는 데 성공했다. 이 작전은 전쟁의 전환점이었고, 처칠이 구원되면서 크립스는 실패했다. 처칠은 그를 공군장관으로 격하시켰고, 크립스는 다시는 처칠을 위협하지 못했다.

이런 이야기들은 많은 것을 드러내 주고, 그 결과는 자동적인 정당성을 갖는다. 즉 크립스가 많은 사람이 생각했듯이 정말로 로베스피에르였다면 그는 이런 연기에 동의하지 않았을 것이다. 즉석에서 결투를 벌여 처칠의 가장 큰 약점을 사납게 공격하는 칼날을 휘둘렀을 것이고, 1916년 12월에 애스퀴스가 그랬듯이 1942년 10월에 처칠이 실각하고 크립스가 2차 대전의 로이드 조지가 되는 것도 배제할 수 없는 일이었다.

그것이 — 처칠은 빼고 — 불운이었을까? 크립스는 처칠 같은 총사령관이나 전쟁 영웅은 아니고 그냥 순수한 정치가였다. 하지만 군사적 최종 승리의 초석은 1942년 가을에는 이미 놓였다(영국에 그토록 충격을 가한, 그리고 처칠이 훨씬 더 거대한 전략적 눈길로 바라보던 그해의 모든 패배에도 불구하고 말이다). 그러니 정치가 크립스가 어쩌면 처칠보다 오히려 전쟁 후반기 풍경에 더 잘 어울렸을지도 모른다.

1942년의 군사적 패배들에 대한 불안감이라는 표면 아래에는, 1942년의 위기를 야기한 처칠의 전체 정책에 대해 일시적으로 표출된 더욱 깊은 염려들이 있었다. 그가 너무 높고도 대담한 게임을 남몰래 펼치고 있다는 느낌이 널리 퍼졌고, 이런 느낌은 그의 군사적 전쟁 수행에 대한 일시적인 실망감보다 더욱 옳았다. 이런 염려와 실망감은 이어지는 2년 반 동안의 승리들을 통해 도로 잠잠해졌지만, 여전히 지하에 살아남아 있다가 1945년 7월에 갑작스럽게 폭발하면서 처칠을 청산했던 것이다.

처칠과 히틀러가 처음부터 마지막까지 둘의 관계를 특징짓는 신비로운 공동 작업을 통해 1941년에 불러들인 대\연합[영국, 미국, 러시아의 동맹]에서 영국은 의심의 여지 없이 가장 작고 가장 허약한 동맹국이었다. 영국의 정책이란 이제는 필요한 만큼 오래 연결 고리 역할이나 하면서 가능한 한 힘을 비축했다가, 때가 오면 피할 길 없는 두 초대형 동맹국들의 승리가 너무 커지지 않게 만들고, 패배한 세력들이 어떻게 해서든 세계사의 인자들로서 스스로를 보존하도록 하는 일이었을 것이다.

아마 처칠도 그 모든 것을 보았을 것이다. 하지만 그는 또 다른, 더욱 영광스런 가능성도 보았다. 영국이 비록 가장 작은 동맹국이라도 이 거대한 동맹을 지배하고 이끌어 갈 길을 찾아냈다고 믿었다. 그러니까 꼬리로 몸통을 흔들어 보려고 했던 것이다. 그는 승리를 완벽하지 않게 하거나 일부러 불구로 만들려고 했던 것은 아니다. 즉 조상인 말버러와 그의 상대역인 볼링브로크*를 동시에 구현하려고 했던 것은 아니다. 볼링브로크는 당시 총사령관의 뒤에서 몰래 루이 14세와 함께 보잘것없기는 해도 쓸모가 있는 특별평화협정을 준비했었다. 그런 일은 처칠의 본성에 어긋났다. 하지만 그는 히틀러만을 없애려던 게 아니고, 동시에 스탈린과 루스벨트도 묶어 두려고

■   Henry St John, 1st Viscount Bolingbroke(1678~1751). 에스파냐 왕위
     계승과 통상 문제를 둘러싸고 프랑스와의 절충을 맡아 위트레흐트 강화
     조약의 성립에 공헌했다.

했다. 아주 단단히 묶어서 미국이 다시는 영국과 떨어지지 못하게 할 셈이었다.

그러기 위해서는 전쟁의 결과가 러시아를 유럽에서 물리적으로 멀리하는 것이 되어야 했다. 서유럽이 아닌 동유럽이 영미 연합군 합동 공격의 목표가 되어야 했다. 거대한 일격으로 독일의 힘을 무너뜨리면서 동시에 러시아와 유럽 사이에 하나의 쇠 빗장까지 쳐야 했다. 하지만 그러려면 일이 다음과 같이 진행되어야 한다. 그런 공격은 서쪽이 아니라 남쪽에서 시작되어야 한다. 그러니까 영국이 아니라 북아프리카를 출발지로 삼아야 하고, 영불해협이 아니라 지중해를 건너야 하고, 공격 방향이 파리-쾰른-루르가 아니라, 트리에스테-빈-프라하-베를린, 또는 아예 바르샤바까지 이어져야 한다는 뜻이었다.

그런 공격이 성공한다면 전쟁의 마지막에 영미 연합군이 단독으로 유럽에 우뚝 서서 유럽을 지배하게 될 것이다. 러시아는 국경선을 넘어오지 않을 것이다. 프랑스는 다시는 전쟁터가 되지 않을 것이고, 전혀 망가지지 않은 채 다시 일어설 것이다. 해방되어, 약간 부끄러운 태도로 말이다. 그리고 이제 해방되고 점령된 유럽의 새로운 얼굴을 만들어 낼 영미 연합군에서 처칠 자신이 전체의 색채를 주도할 것이라고 그는 믿었다.

그야말로 눈부신 전망이었다. 하지만 어떻게 실현하지? 이

1943년 시칠리아 상륙 작전 준비를 위해 알제에서 열린 회의.
처칠을 둘러싼 인물들은 왼편에서 오른편으로 외무장관 앤서니 이든,
참모총장 앨런 브룩, 공군장관 아서 테더, 앤드루 커닝엄 제독,
해럴드 알렉산더 장군, 미국군 참모총장 조지 마셜,
미국 장군 드와이트 아이젠하워, 버나드 몽고메리 장군.

런 전략을 어떻게 관철시키나? 처칠은 그런 정치적 목적을 공개적으로 드러낼 수는 없었다. 러시아를 향해서는 물론 아니지만 미국에도 아니었다. 그리고 모든 전략적 이유들도 거기 반대했다. 프랑스를 통해 곧바로 진격하는 대신 북아프리카로 돌아가는 거대한 우회로는 물론 엄청난 시간 손실과 병력 약화를 의미했다. 전쟁을 공부하는 어린 학생이라도 그것을 볼 수가 있었고, 조지 마셜과 드와이트 아이젠하워Dwight Eisenhower를 선두로 하는 미국군 지휘부도 지치지 않고 절절히 그렇게 밝혔다.

하지만 처칠은 패 하나를 쥐고 있었다. 미국은 전쟁 수행이나 전쟁 준비에서 영국보다 두 해 뒤졌다. 미국이 2~3년 뒤에 스스로 전쟁을 수행할 수 있게 될 때까지 손을 놓고 기다리려는 것이 아니라면 — 그리고 미국은 참을성이 없는 나라이니 — 영국의 전쟁을 현재 상황 그대로 받아들여야 한다. 미국은 처음에는 작지만 점차 커지는 자신의 힘으로 영국을 강화하면서 전쟁에 합류하는 수밖에 없다. 그리고 영국은 이미 전쟁을 시작했으니 — 북아프리카에서 말이다.

루스벨트도 스탈린도 처칠의 남부 전략과 정치적 꼼수를 뒷받침할 생각은 추호도 없었다. 스탈린은 심지어 그런 술수를 방해할 생각까지 지녔고, 그러기 위해 가장 극단적인 일까지도 강행했다. 하지만 그런데도 처칠은 이 전략을 처음에는 관철시켰다. 모든 전선에서 받은 타격들이 그의 귓전에 스치고, 고향에서는 정치적 발판이 흔들리던 1942년 여름에 말이다.

1942년의 처칠은 더는 운명의 사람이 아니었다. 그가 이때 시작한 너무 대담한 게임은 결국 진 게임이 되었고, 그가 정말로 세계사를 만들던 순간은 그 자신이 알아채지도 못하는 사이에 지나가 버렸다. 하지만 개인적 힘과 광채의 절정에 있는 처칠을 보고 경탄하고 싶은 사람이라면 이 1942년의 처칠을 바라보는 것이 좋다. 이 여름에 그는 스무 개의 손을 가진 것처럼 보였다. 의회에서 목숨을 부지하면서 크립스를 위험하지 않게 중화시키고, 참모들과 함께 출정 계획을 세우고, 미국 대사들을 처리하고, 이집트로 날아가서 장군들을 빼거나 투입하고, 워싱턴으로 날아가서 루스벨트에게 조르고, 모스크바로 날아가서 스탈린과 한판 붙는 등의 일을 했다. 그가 이처럼 불도그 같았던 적은 없었다. 무언가를 물면 놓지 않고, 때리면 때릴수록 더욱 깊이 무는 불도그 말이다. 1942년 말에 그는 우선은 그 일을 해내고 자기가 원하는 곳에 모두를 배치할 수가 있었다. 히틀러와 스탈린은 러시아 깊은 곳에서 서로를 꼭 물고 늘어졌고, 로멜이 패배하면서 지중해가 열렸으며, 미국군은 북아프리카에서 영국군과 나란히 행진했다. 이듬해 지중해를 통해 들어갈 모든 준비가 이루어졌다. 그 사이 공군이 독일을 타격하기 시작했다. 1942년에서 1943년으로 넘어가는 기간에 처칠이 전 세계를 손아귀에 쥐고 있는 것만 같았다.

하지만 1년 뒤에는 그의 전략이 무너졌고 따라서 그의 정책도 무너져 있었다. 그는 전쟁에서 전략적인 출발을 되돌리기란 불가능하다는 점을 전제로 삼았다. 기차는 한번 세워진 선로 위를 계속 달려야 한다고 말이다. 그는 행동으로는 미국군을 지중해 전략에 꼭 붙잡아 두고 있으면서도, 말로는 서부 공격을 거듭 약속했다. 언젠가 나중에, 그러니까 최후에 말이다. 그러면서 말로 붙잡힐 거라는 계산은 하지 못했다. 미국군이 자기를 넘어가 버리는 것이 가능하다고 여기지 않았다. 자기가 미국군을 이리로 끌어들였으니, 미국군이 처음에 좋든 싫든 예비해 둔 모든 것을 투입한 이 막중한 지중해 작전을 단호히 중단하고, 그러니까 쓸모없는 토르소를 그대로 버려둔 채로 모든 작전을 새로 짜서 6개월의 시간 손실을 감당하면서 전혀 다른 출발점에서 처음부터 완전히 새로 시작하리라고는 생각지도 못했다. 하지만 미국군은 정확하게 그렇게 했다.

몸통이 꼬리에게 흔들리는 일에 지쳤던 것이다. 2년 동안의 무장과 동원령을 거쳐 1943년 말에 미국은 자체 전쟁을 수행할 수 있게 되었다. 그리고 이제는 그렇게 하기로 굳게 마음먹었다. 영국을 위해 보조 근무를 할 생각이 없었다. 1943년 11월 말의 테헤란 회담에서 루스벨트는 스탈린과 힘을 합쳐 처칠에 맞섰다. 처칠은 이를 악물고 거기 승복하고 지난해 자신

테헤란 정상 회담.

의 전략적·정책적 작업을 철회하는 수밖에 없었다.

테헤란에서는 이듬해인 1944년 여름에 실행에 옮겨질 내용, 그리고 전후 유럽의 역사를 만들어 낼 내용이 결정되었다. 곧 처칠의 남부 전략을 청산하고 프랑스 상륙으로 대체한다는 것이었다. 그것은 전략상의 결정일 뿐만 아니라 매우 정치적인 결정이기도 했다. 그것은 러시아가 유럽에서 배제되지 않으며, 유럽 중심부에서 서유럽과 동유럽이 만나게 되리라는 의미였다. 단일 유럽 — 영국과 미국의 지휘 아래 복구된 보수적인 유럽 — 이라는 전망은 이로써 꿈이 되고 말았다. 전후 유럽은 '좌파의' '민주주의의' 즉 어느 정도 사회주의 색채를 지닌 하나의 유럽이 되거나, 아니면 서로 나뉜 유럽이 될 것이다.

테헤란 정상 회담 참석자들[루스벨트, 스탈린, 처칠]에게 이 모든 것은 의심의 여지 없이 아주 분명했지만 발언되지는 않았다. 오로지 전략적인 논점들만 토의했다. 그리고 1943년이 경과하면서 이 영역에서 처칠의 위치는 매우 약화되었다.

처칠은 온 세상과 더불어 두 가지 오판을 했다. 공군력을 과대평가하고 러시아를 과소평가했던 것이다. 그는 1943년에 시작된 엄청난 공습이 독일의 국내 전선을 무너뜨리면서 항복을 각오하게 만들 것이라 믿었고, 러시아가 겨울철 전투에서 거듭 성공했음에도 겨우 목숨만 부지한 상태이니 여름철 전선에서는 레닌그라드, 모스크바, 스탈린그라드를 방어하느라 계속 전력을 다할 거라고 믿었다. 독일 육군은 아직 러시아 내륙 깊숙한 곳에 있었고, 독일은 혼돈에 빠져 해체되는 중이었다. 그의 전략은 바로 이런 상황에 맞추어져 있었다. 이런 상황에서는 지중해 국가들이 안도감을 느끼면서, 상륙하는 서방 연합군의 품에 떨어질 것이다(1943년 여름에 이탈리아가 실제로 시도했던 일). 그러면 영국국과 미국군은 어느 날 갑자기 아무 방어도 없는 독일의 작센과 슐레지엔에 승자로 서게 될 것이다. 그의 전략은 그렇게 고안된 것이었다. 하지만 잘 알려져 있다시피 그렇게는 되지 않았다.

독일에서의 공습은 전에 영국에서도 그랬듯이 무딘 무기였음이 드러났다. 독일의 국내 전선은 공습을 버텨 냈고, 군수품 생산도 완전 가동 중이었다. 그에 반해 스탈린그라드를 향한 독일 동부군의 전투력과 사기는 전 같지가 않았다. 러시아군이 물자나 사기 면에서 더 강했고, 1943년 내내 러시아군이 독일군을 밀어냈다. 러시아군은 이미 루마니아와 폴란드 국경에 서 있었다. 서방의 지중해 군대는 아직 로마의 남쪽 멀리 카시노Cassino에 붙잡혀 있었다. 앞으로도 지난해처럼 계속된다면 러시아군이 바르샤바, 베를린을 거쳐 심지어 라인강에 도달하는 동안, 서부 연합군은 여전히 알프스 남쪽을 이리저리 헤매고 있을 판이었다. 이런 상황에서 처칠은 테헤란의 전략적 논쟁에서 할 말을 잃었다.

그렇다면 그가 루스벨트와의 논쟁을—스탈린과는 물론 생각도 할 수 없는 일이고—정책적으로 주도해야 했을까? 패를 다 까놓고 게임을 벌이면서 러시아의 위험을 벽에 그려 보여야 했을까? 그가 과연 성공했을지 의문이다. 군사적으로 러시아를 유럽에서 배제하기엔 이미 늦었다는 것, 러시아와 더불어 유럽을 둘로 나누는 쪽이 유럽을 통째로 러시아에 내주는 것에 대한 유일한 대안임이 입증된다는 것을 완전히 빼고라도, 루스벨트는 이제는 '좌파' 유럽에서 미국과 러시아가 함께 지배하는 것이 가능하다고 믿었다. 20년 뒤에 보면 이런 믿음은 5년 뒤의 생각만큼 그렇게 우스꽝스럽지가 않다. 보수적 낭만주의자 처칠이 이런 루스벨트의 마음을 돌려세우기란 어려웠을 것이다.

처칠도 그런 것을 시도하기에 적합한 사람이 아니었다. 온갖 능변에도 불구하고 처칠에게는 평생 로이드 조지의 최대 강점이었던 재능이 결핍되었다. 즉 유혹하는 설득, '꾀어내는' 능력 말이다. 이는 다른 사람의 처지에서 느끼는 것, 남의 처지가 되어 보는 능력과 재미를 전제로 한다. 로이드 조지가 바람둥이였던 것은 우연이 아니다. 그는 이런 역지사지의 능력을 엄청나게 많이 지녔다. 전사이자 자기중심적인 처칠은 그런 것을 갖지 못했고, 그의 태도는 본능적으로 그런 능력을 갖지 않기를 지향했다. 로이드 조지, 또는 비스마르크도 전쟁에서의 전략보다 정치를 우위에 둔 채, 전투 지휘를 내려놓고 전략가의 머리 위에서 정치를 했다면, 처칠은 그들과는 달리 본능적으로 전략을 통해 정치를 했다. 그는 스스로 총사령관으로 행동하고, 함대와 육군의 움직임을 통해 자신의 정치적 근거를 내놓기를 더 좋아했다. 이것은 타고난 그의 방식으로, 다르게는 할 수가 없었다(그렇기 때문에 그의 행동이 아닌 말에서 그의 생각을 읽어 내려는 사람들이 그를 오해했다). 3년 동안이나 그는 전략적 도구들을 동원해서 최고 척도의 정치를 성공적으로 해 왔다. 하지만 이제는 이런 도구가 그를 떠났으니, 이로써 그는 문자 그대로 무방비 상태가 되었다.

테헤란 회담은 처칠에게 전쟁의 전환점이었다. 그리고 나아가 생애의 전환점이었다. 회담 도중에 그는 69세 생일을 맞이했다. 그때까지는 이런 늦은 나이에도 불구하고 전쟁이 요구하는 무시무시한 신체적·심리적 긴장감을 그에게서 거의 느낄 수가 없었다. 그의 얼굴은 여전히 장밋빛 아기 얼굴이었다. 물론 턱을 앞으로 내민 격분한 모습이었지만. 노동 능력과 집중력, 자제력, 결단력, 지구력도 여전히 경탄할 정도였다. 그러다가 테헤란 회담 도중에 갑자기 그는 나이 들어 가는, 거의 시간 단위로 나이가 드는 늙은이가 되면서 호흡이 길어지고, 집중을 못 하고 산만해졌다. 회담을 쉴 때면 어두운 음조로 벌써 자기 속에서 시작된 미래의 전쟁 — 곧 러시아와의 전쟁을

공습을 받은 함부르크.

이야기했다.

그것은 지금의 이 전쟁보다 더욱 끔찍한 전쟁이 될 것이다. 하지만 나는 그 자리에 없을 것이야. 나는 자고 있을 테지. 100만 년 동안이나 잘 것이다.

그것은 정치가의 말이 아니라 예언적인 말로 들렸다. 약간 노인 방식으로 말이다.

그러는 사이 그는 용기를 내서 훌륭한 패배자 노릇을 했다. 협상을 통해 승자들에게서 무엇이든 짜내려는 사람, 다만 너무 빤한 간계를 동원해서 말이다. 좋다. 자기가 약속한 대로 이제는 서쪽에서 들어가기로[노르망디 상륙 작전] 결정되었다. 5월 1일까지, 또는 늦어도 "5월 중에는" 말이다. 하지만 그때까지 남은 반년을 아무것도 안 하고 그냥 보내야 하나? 터키를 전쟁에 개입하도록 자극한다면 어떤가? 발칸 출정을 하면 안 될 게 뭐람? 그러니까 시간을 때울 막간극으로 말이다. 루스벨트와 스탈린은 많은 말이 담긴 눈빛을 교환했다. 그들은 늙은 처칠에게 너그럽게 목마木馬를 허용했다. 그가 터키를 전쟁에 끌어들이는 일을 시도해도 좋다. 하지만 그들은 조심스런 터키가 끌려 들어오지 않으리라 여겼고, 그들이 옳았다.

테헤란에서 돌아오는 길에 처칠은 아이젠하워와 논의를 하려고 카르타고에 들렀다가 중증 폐렴에 걸렸다. 심리적 이유에서 얻은 질병이었다. 그런 게 있다면 말이다. 며칠 동안 그는 생사의 기로를 헤맸다. 강력한 항생제로 위기를 넘기자 그는 곧바로 새로운 '막간극'을 꾸미기 시작했다. 꽁꽁 얼어붙은 이탈리아 전선을 해체하기 위한 로마 상륙 작전 계획이었다. 하필 미국군이 전력 질주 중에 이탈리아 전선을 무너뜨릴 마음이 정말로 있을까? 결국 안치오^{Anzio} 상륙 작전은 꽉 막히고, 허리가 잔뜩 굽은 처칠은 1944년 늦은 겨울에 런던으로 돌아왔다.

테헤란에서부터 처칠의 태도에는 약간 맥락 없음, 예측할 수 없음, 즉석의 요소 같은 것이 나타난다. 그는 여전히 에너지와 발상이 풍부하고, 활동적이고 언어가 강력하며, 여전히 대단한 결단력과 행동 능력이 있었다. 하지만 이제 결정들은 약간 갑작스럽고 행동은 즉흥적인 요소를 띠게 되었다. 그런 결정이나 행동 뒤에 더는 거대한 전체 구상이란 게 없었으니, 그런 거대한 구상은 이미 부서졌다. 그리고 이번 타격을 겪은 뒤로는 그 자신도 더는 지난 3년 동안의 그 사람이 아니었다. 물론 그 사람이었지만 약간 일그러지고 망가진, 예민하고 자제력 없고, 더 늙고 심술궂어졌다.

그는 여전히 당당했다. 여전히 분노 속에서도 기품을 잃지 않는 신사였다. 그런데도 1944년과 1945년의 처칠은 전과는 다르게, 기품 없이 분노를 폭발할 수 있었고, 멋대로 굴고, 잔소리 잘하고 고함치는 측면을— 언제나 위대한 순간들에 고귀한 몸짓에 의해 중단되곤 하지만— 드러냈다.

처칠에게도 노년의 특징이라 할 수 있는 무심한 일관성 없음의 경향, 서로 모순되는 또는 서로 상승 작용을 일으키는 몸짓과 행동들의 경향이 이 시기에 나타나기 시작한다. 전에는 엄청나게 모순되는 것을 동시에 생각하고 느낄 능력이 있었다. 바로 그것이 그의 정신에 긴장감과 풍성함을 주고, 또한 그의 특징인 바삭바삭한 생동감과 변화의 능력, 예측할 수 없음 등을 부여했다. 다만 그때까지는 마지막에 언제나 질서와 명료함을 만들어 내는, 요약하고 배제하는 내면의 결정 능력도 함께 있었다. 이 결정 능력이 점점 쇠약해졌다. 늙은 처칠의 말과 행동은 어딘지 단편적인 요소, 끝까지 철저히 사색되지 않은 요소를 지녔다. 거대하게 시작했다가 갑자기 중단되곤 했다. 이 모든 것은 1944년에 시작된 일이다.

우선 그는 자기가 원치 않던 거대한 노르망디 상륙 작전을 위한 군사적 준비에 손수 불타는 열정으로 몰두했다. 그것은 일종의 자기 마비였다. 정치가로서 실패하자 전략가의 일만이라도 제대로 하고 싶었던 것이다. 총사령관 처칠이 이보다 더 바쁘고 활동적이고, 거의 이보다 더 행복했던 적이 없었다고 말하고 싶어진다. 1944년 전반부에 그는 상륙 작전 준비에 완

1944년 노르망디 상륙 작전 시기의 처칠과 아이젠하워.

파리에서 드골 장군과 함께.

전히 몰두해서 모든 세부 사항까지 보살피더니, 프랑스로 들어가는 선두 부대와 함께 자기도 직접 상륙하겠다는 것을 만류하기가 힘든 지경이 되었다(마지막에 국왕은 처칠이 그렇게 고집한다면 자기도 함께 가겠노라고 위협했다). 그는 승리에 매달린 나머지 자신이 그것의 포로가 되고 말았다. 그에게 다른 아무것도 남아 있지 않았다.

하지만 어쩌면 아직 다른 무엇이 남아 있었을까? 예전의 동맹 전쟁에서 영국은 승리 단계에서 적을 다시 정치 게임으로 끌어들이는 일을 서슴지 않았다. 루이 14세와의 전쟁에서처럼 직접적으로, 또는 나폴레옹 전쟁에서처럼 간접적으로, 영국 외교사절이 탈레랑이나 부르봉 왕조와의 온갖 실마리를 동원하는 일이었다. 물론 히틀러와의 협상은 생각조차 할 수 없었다. 유럽 전체를 인간 도살장으로 뒤덮은 히틀러 자신이 협상 의지가 전혀 없었다는 사실을 빼고라도, 이쪽에서도 그와는 협상할 수가 없었다. 하지만 1944년 7월 20일에 뒤늦게 절망적인 생명의 징후를 드러낸 독일의 야당 또는 반대 세력은 어쩌면 처칠에게는 자연스러운, 거의 구원해 주는 협상 파트너가 아니었을까? 그것은 바로 근본적으로 처칠이 바라는 것, 물론 스탈린과 루스벨트는 절대로 원치 않았지만, 즉 보수적인 유럽의 복구가 아니었을까?

돌이켜 보면 이 자리에서 잃어버린 기회라는 인상을 가질 수도 있다. 하지만 실제로는 그런 기회가 없었다. 전쟁 첫해 겨울 체임벌린이 아직 독일 내 반대 세력과 접촉을 유지하던 시기에, 이 반대 세력이 허약하고 우유부단하고 신뢰할 수 없었다는 것만이 아니다. 아무런 반향도 없이 실패로 돌아간 7월 20일의 쿠데타[히틀러 암살 미수 사건]가 지금 아무런 고무적인 인상도 만들어 내지 못했다는 것만도 아니다. 그것 말고도 처칠 또한 그토록 대담한 거래를 통해 승리를— 이제는 거의 확실해진 완전 승리를— 위태롭게 하거나 위축시킬 사람이 아니었던 것이다. 결국 그는 무엇보다도 먼저 전사였고, 그런 다음에야 정치가였으니 말이다. 그는 승리를 원했고, 그것도 자신의 정치적 구상대로의 승리를 원했다. 하지만 그것이 불가능하다면 어쨌든 무슨 일이 있더라도 먼저 승리를 원했다. 승리에서의 너그러움, 좋지. 승리한 다음의 화해, 좋지. 하지만 승리를 포기한다고? 절대로 그럴 수 없다. 그는 말버러의 후손이었다. 말버러는 자기 배후에서 승리를 망친 라이벌 볼링브로크를 가식으로도 용서하지 않았다.

처칠은 승리를 얻었고, 그가 승리를 즐기지 않았다고 할 수는 없다. 해방된 파리를 다시 만나는 것 같은 위대하고 경이로운 순간들이 있었다. 하지만 그는 자기 승리의 포로였고, 마치 사자가 자기를 가둔 우리의 쇠창살에 몸을 비비대듯이 자신이 거둔 승리에 몸을 비비댔다. 전쟁의 마지막 아홉 달 동안 처칠의 정책은 분주하게 이리저리 오간 즉흥성의 결실이었다. 1944년 8월에 그는 이탈리아로 날아갔다. 절망적인 (그리고 끝까지 사색되지도 않은) 계획들, 트리에스테와 빈을 목적지로 삼은 돌파를 어떻게든 가능하게 해 보려는 계획들을 들고 말이다. 허사였다. 이탈리아 전선은 프랑스 작전[노르망디 작전과 프랑스에서의 전쟁]을 위해 인정사정없이 약화되고 약탈당한 상태였다. 그러자 갑작스런 발상이 떠올랐다. 루스벨트가 할 수 있는 것 — 스탈린과 직접 위력 대 위력으로 단호히 거래하기 — 을 자기라고 못 하란 법이 있나? 10월에 그는 모스크바로 날아가서 스탈린과 힘들고도 철면피한 비즈니스를 벌였다. 루마니아는 네 것, 그리스는 내 것, 그리고 폴란드는 서방으로 넘겨라 — 대략 성냥개비 세 개로 보여 줄 수 있는 것이었다. 그 뒤에 이어진 것은 차라리 잊고 싶은 장면들이 끼어 있는 그의 가장 추악한 순간이었다. 그는 팔려 가고 싶어 하지 않는 폴란드 총리 스타니스와프 미코와이치크Stanislaw Mikolajczyk에게 문자 그대로 주먹으로 위협을 했다. 해방된 아테네가 해방군 영국이 제시한 보수당 정부에 맞서 궐기하자 그는 "아테네를 점령 도시처럼 대하라"는 명령을 내렸고, 스탈린은 아무 언급도 없이 그것을 지켜보았다. 처칠은 하원 연설에서 러시아 소비에트 정부처럼 그렇게 약속을 잘 지킨 정부는 없다고 말했다. 하지만 1945년 초에 갑자기 서방 군대가 베를린과 이어서

윈스턴 처칠이 1945년 5월 8일에 라디오를 통해 대독일 전쟁에서 승리했음을
전 세계에 알리고 있다.

오데르강에 먼저 도착할 가능성이 열리자, 그는 이런 뜻밖의 기회를 이용하려고 — 앞서 독일 점령 지역에 대한 삼자 회담과 완전히 일치하지 않음에도 — 아이젠하워와 트루먼을 설득하기 위해 극단적인 일까지도 했다. 그리고 그의 계획대로 되었다면, 작센, 튀링엔, 메클렌부르크를 내주고 합의된 군사 분계선으로 퇴각하는 일은 없었을 것이다.▪ 처칠에게 러시아는 도로 적대국이 되었다.

　그는 1945년 초여름에[2차 대전이 유럽에서 끝난 다음] 이어서 대對러시아 전쟁을 계속할 것인지 진지하게 고려했을까? 그가 그랬다고 믿을 수 있고, 그 자신도 적어도 나중에는 그런 생각을 했다고 수긍할 수밖에 없었을 것이다. 어쨌든 그는 자기가 1945년 5월에 노획된 독일 무기를 잘 모아 손질해서 필요하면 재빨리 독일 포로들의 손에 쥐어 주라고 명령했다고 뒷날 주장했다. 사람들은 그 전보를 찾아내려고 했으나 발견되지는 않았다. 아마 실제로 보낸 적이 없었을 것 같다. 하지만 처칠의 머리에는 그런 명령이 들어 있었던 게 분명하다. 그렇지 않다면 그의 기억력이 자기가 그런 명령을 내렸다고까지 그를

▪　그의 계획이 성공했다면 러시아군 점령 지역이 훨씬 동쪽에 머물렀을 것이다. 동맹국들 사이에 합의된 군사 분계선이 뒷날의 동서독 분단선이다.

속이지는 않았을 테니 말이다.

1945년 여름에 그가 러시아에 대해 도로 단호한 입장이 되었던 것만은 분명하다. 그리고 이런 입장으로, 이제 미국에서 강력하게 부상하던 조류潮流와 다시 한목소리가 된 것도 분명한 일이다. 루스벨트는 죽었다. 하지만 동시에 미국은 독일이 항복하자마자 완전한 무장 해제 과정에 들어갔다. 이제 준비된 것은 전쟁이 아니라, 나중에 사람들이 '냉전'이라고 명명한, 결실 없는 오랜 다툼이었다.

처칠은 냉전에 활발하게 참여할 기회가 없었다. 1945년 5월에 이미 영국의 연립정부는 붕괴되었다. 7월에 선거를 치렀고 처칠이 대표로 있던 보수당은 선거에서 패배했다. 처칠이 있는데도? 처칠 때문에? 어쨌든 처칠은 몰락했다.

그는 이제 일흔이었고, 그것은 마지막처럼 보였다.

CHURCHILL
CHURCHILL
CHURCHILL
CHURCHILL
CHURCHILL
CHURCHILL
CHURCHILL
CHURCHILL
CHURCHILL
CHURCHILL

CHURCHILL

10   최후의 싸움

1945년 7월에 처칠이 선거에서 졌을 때 그의 아내가 말했다. "이건 아마 은폐된 축복이겠지요." 처칠이 대답했다. "매우 효율적으로 은폐된 것이라고 말해야겠지."

대부분의 사람은 그의 아내의 의견에 동조할 것이다. 처칠의 붕괴는 실질적으로 승리의 순간에 나타났다. 승리는 그에게 영광스런 퇴로를 마련해 주었다. 전쟁은 끝났다. 영국은 깃발을 휘날리며 이겼고 적은 궤멸되었으며, 그 누구도 이 모든 것이 처칠의 공적이라는 것에 반박할 수가 없었다. 전쟁의 승리는 해결한 문제만큼이나 많은 문제를 만들어 낸다는 것을 누구나 안다. 어차피 승리도 일시적일 뿐이다. 이제 나라 앞에는 거대한 발견이 놓여 있었다. 다른 사람이라면 눈앞에 놓인 각성과 실망에 대해 책임을 지지 않게 되었다고 좋아했을 것이다.

그것 말고도 처칠은 이제 일흔이었다. 그리고 지난 5년은 곱으로 헤아려야 했다. 1945년의 처칠은 신체적으로 1940년의 처칠이 아니었다. 나이 들었고 죽도록 지쳤다. 불면증에 시달리고 예민하고 변덕스럽고 심술궂기까지 했다. 이런 피로감은 한 번 더 극복될 수도 있을 것이다. 하지만 나이는 벗어날수가 없다. 그리고 그가 할 일은 다 하지 않았던가, 그가 평생대비했던 운명의 과제는 이미 나타나서 위대하게 실현되지 않았던가?

모든 것은 이제 그대로 두고 떠나라고 말하고 있었다. 명예는 부족하지 않았다. 그가 어디에 모습을 나타내든 영국만이아니고, 6년 만에 다시 휴가를 위해 찾은 남프랑스만이 아니었다. 심지어 패배한 베를린에서도 사람들은 헷갈리게도 그를향해 손을 흔들고 환호성을 보냈다. 공작 작위가 그를 기다렸다. 그냥 움켜쥐기만 하면 되었다. 영국과 미국의 도시들과 대학들은 서로 앞을 다투어 그를 명예시민으로, 명예박사로 만들려고 안달이었다. 그는 심지어 아무 일도 안 하고도 노년에대단한 부자까지 되었다. 그가 쓴 모든 책들이 갑자기 국제적베스트셀러가 되었기 때문이다.

여기에 덧붙일 것이 하나 더 남았다. 2차 세계대전에 대한그 자신의 보고를 전 세계가 기다리고 있었다. 이것은 마지막노년을 위해 충분한 일이 아니던가? 그것 말고도 대가^{大家}라는지위, 명예, 수집하고 전망하기, 상원의원, 그리고 이따금 상원에서 늙은 정치가의 지혜롭고 의미심장한 연설을 할 수가 있고, 죽기까지 따스한 명성이라는 가을 햇살을 누릴 수 있었다. 이제 자기 품으로 떨어진 것으로 보이는 이런 운명이 자연스럽고도 바람직한 것이 아니던가?

처칠에게는 아니었다. 그는 일흔 살인데도 여전히 서른, 마흔, 쉰이던 시절과 똑같은 사람이었다. 행위가 없다는 것은 여전히 개인적으로 지옥이었다. 그냥 바라만 본다는 것을 아직도 참을 수 없었다. 여유란 지루함 자체이고, 명성도 부유함도 위안이 아니었다. 추락은 예전과 똑같이 고통스러웠다. 최초의 마비시키는 충격에 뒤이어 나타난 그의 반응은 옛날과 똑같았다. 그것은 아직도 이런 말이었다. "이제 제대로 해 보자."

일흔 살 처칠은 한 번 더 황무지 같은 정계를 떠다닐 채비를 갖추었다. 1946년 초부터 벌써 컴백을 위해 작업했다. 자기에게 주어진 공작 작위는 밀쳐 냈다. 여전히 야당인 보수당의 대표로서, 그리고 총리직 후보로서 하원에 남았다. 2차 세계대전에 대한 책은? 그것도 물론 썼다. 여섯 권이나. 그냥 틈틈이 부업으로 말이다. 그는 만족하지 않았다. 그야말로 지치지 않는 것처럼 보였다.

1946년부터 1951년까지의 시간은 처칠의 생애에서 특이한 시기다. 이 시기는 그의 정치 경력에서 가장 의문스럽고 가장 불투명한 기간, 곧 양차 대전의 중간기에 그가 모든 정당들과 차례로 다투면서 자신의 정치적 명성을 0점까지 끌어내리던 그 시기에 대한 일종의 변주처럼 보인다. 재빨리 전설이 된 1940년의 기억과 2차 세계대전의 승리자라는 명성을 그에게서 빼앗아 갈 사람은 아무도 없었다. 그 자신도 이따금 위대한 연설에서 이 두 가지를 곱씹었다. 그럴 때면 사람들은 옛날의 사자, 세계 정치가의 목소리를 다시 들었다. 1946년 풀턴Fulton과 취리히에서, 1948년 암스테르담에서, 1949년 스트라스부르에서 말이다.

하지만 이런 연설들이 언제나 외국에서 행해졌다는 것이 우연일까? 런던과 의회의 일상에서는 전시의 처칠이 아니라 20년대 처칠의 목소리가 들렸다. 반동주의자, 논쟁자, 고집 세고 자주 빛나는, 하지만 또한 자주 고루하고 완고한 정당 정치가, 적을 만들고 친구들조차 드물지 않게 고개를 가로젓게 만드는 사람 말이다.

그는 거의 악의를 품은 듯 보수당 대표 직위를 꽉 움켜쥐고 있었지만 예나 지금이나 보수당과는 별 연관성도 없었다. 당은 자기를 거듭 목표지로 데려다줄 승마용 말에 지나지 않았다. 보수당원들은 물론 그것을 느꼈고, 자주 그에 대해 한숨을 쉬면서 그를 놓아 보내고 싶었다. 하지만 그가 떨어져 나가지 않았다. 다른 한편 그는 자기가 권좌로 돌아가는 길을 막고 있던 노동당에 맞서, 가차 없이 상처를 주는 냉혹함과 예리함으로 싸웠다. 마치 노동당이 전쟁 동안 가장 중요한 협력자이며 동지였던 적이 없었던 것만 같았다. 그 사이로 갑자기 그가 다시 모든 정당들의 위에 선 정치가로 돌아온 듯 너그러워지는 순간들이 나타나면, 그것은 화해보다는 사람을 더욱 헷갈리게 하는 일이었다.

야당 대표로서 처칠의 행보가 정치적 대가의 그것이었다고 주장할 수는 없다. 그가 노동당 정부를 마침내 붕괴시켰다고 할 수도 없다. 그런 일은 시간이 해냈다. 시간은 다른 모든 정권을 마모시키듯이 노동당을 마모시켰다. 처칠도 마모시켰다. 처칠이 1951년 10월에 간신히 다수당이 된 보수당의 대표로서 한 번 더 총리가 되었을 때 — 정말로 아무도 그런 걸 기대하지는 않았지만 — 그때까지는 여전히 너그럽게 그의 나이를 보아 넘기던 온 세상이 분명하게 그가 이제 노인이라는 사실을 보았다.

물론 그는 전쟁 시기의 과도한 자극, 과로, 과도한 긴장을 한 번 더 극복했다. 하지만 그 사이 6년이 더 흘렀다. 그는 이제 약간 온건해진 듯했다. 유머가 돌아왔고 인간적인 측면도 돌아왔다. 이따금 옛날의 위트도 번뜩이고 사자의 발톱도 내보였다. 하지만 예를 들어 그의 말을 알아듣기가 정말 어려워졌다. 기억력도 쇠약해졌다. 의원들, 심지어 각료들 중에서도 새로운 젊은 얼굴들을 제대로 기억하지 못해서 이따금 그

1952년 10월.

들을 혼동했다. 생애 말년 여유로운 시간에 그는 열성적인 소설 독자가 되었다. 이제 다시 총리가 되어서도 그것을 아주 그만두지는 못했고, 그것이 업무에 지장을 주었다. 소설은 시간을 빼앗는 것이니 말이다. 1949년 여름, 그는 리비에라 휴가 중에, 덕분에 여론에 알려지지 않은 채 최초의 가벼운 뇌졸중 발작을 겪었다. 눈에 띄는 후유증은 남지 않았다. 하지만 완전한 집중력과 작업 능력을 되찾지 못했다. 새로 총리를 맡은 처음 1년인 1952년에 벌써 런던에서 내막을 아는 사람들 사이에는 '반나절 총리'라는 말이 돌았다. 그해 말에는 어느 정도 절망적인 체념이 아주 일반적으로 되었다. 처칠의 위대한 행동의 시대는 지나간 것처럼 보였다.

그러다가 다시 무슨 일이 일어났다. 한 번 더 마지막으로 옛날의 거인이 몸을 활짝 펼쳤다. 아주 잠깐 동안 1940년에 그랬던 것처럼 온 세상이 처칠을 바라보았다. 그것은 희망의 한순간이었다. 이 희망은 실현되지 못했다.

이것은 오랜 기간 그의 후계자이자 외무장관이던 앤서니 이든Anthony Eden이 목숨이 위태로운 질병에 걸려 여러 달이나 자리를 비웠던 1953년 초의 일이었다. 그것이 특이하게도 처칠을 다시 살아나게 한 듯했다. 그는 이든이 돌아오기까지 외무장관 자리도 떠맡았는데, 이런 추가 업무가 그를 눈에 띄게 젊어지게 만들었다. 여러 해 전부터 그런 모습은 보이지 않았었다. 그는 갑자기 자신의 영역에 돌아온 것처럼, 자기가 무엇을 하려고 그 긴 시간 정계에 남아 있었는지 다시 생각나기라도 한 것처럼 보였다.

그는 그 모든 정당 정책을 넘어서, 1945년 자신의 일이 미완성 상태로 중단되었다는 고통스런 감정을 떼어 내지 못했기 때문이다. 승리는 완전했지만, 그 밖에는 아무것도 없었다. 영국의 약화와 경제적 출혈을 넘겨받아 변상해 주어야 할 미국과의 지속적 결합도 없었고, 유럽의 재건과 평화도 없었다. 독일에 맞서던 전쟁은 거의 중단 없이 러시아에 맞선 냉전으로 넘어갔고 — 처칠이 덧붙인 것도 없이 그렇게 되었다. 1945년에 그는 새로운 갈등을 엔진으로 삼아서 영미 통합을 계속 추진하고, 유럽을 통합하는 작업으로 그것을 더욱 보강할 수 있으리라고 희망했다. 그것이 그가 1946년 풀턴과 취리히에서 행한 가장 유명한 연설의 핵심이었다. 하지만 권력을 잃은 자의 연설은 허약하고 무딘 도구다. 처칠보다 그것을 더 많이 경험한 사람이 어디 있으랴! 유럽에서나 미국에서나 사람들은 처칠이 강조하고자 한 것이 아니라 자기들이 듣고 싶은 것만을 골라서 들었다. 냉전은 독립적으로 되었다. 한국전이 발발한 이후로는 3차 세계대전으로 넘어가려고 했다. 영어권 국민들의 통합이나 유럽의 통합은 그런 전쟁에서도 얻을 것이 없었다.

그 사이에 러시아도 핵무기를 갖게 되었고, 이쪽이나 저쪽이나 수소폭탄을 개발하기 시작했다. 전사 처칠은 다른 누구보다도 일찌감치 이제 전쟁이 불가능하다는 것, 평화를 이룩할 시간이 되었다는 것을 알아차렸다. 이 몇 달 동안 그의 내면에서 그 작업이 이루어졌다. 한 번 더 그는 생각을 바꿀 수가 있었다. 한 번 더 머릿속에서 비록 스케치 형태로나마 새로운 세계 구상 비슷한 무엇이 만들어졌다.

그 도중에 스탈린이 죽었다. 그것은 처칠에게 마지막 자극이 되었다. 1953년 5월 11일에 그는 그때까지 행한 모든 연설 중에서 가장 놀라운 연설을 했다. 아무런 경고나 준비도 없이 서방과 함께 영국이 지난 7년 동안 잡아 온 노선을 바꾼 것이다. 그는 스탈린의 후계자와의 정상 회담을 제안했다. 그로써 '로카르노'라는 낱말이 논쟁의 중심이 되었다— 서로 대립하는 동서 블록 대신, 유럽 전체의 안전 체제라는 생각이었다.

1953년 5월 11일에 처칠이 내놓은 목소리들은 그 이후로 세계 정책에서 다시는 사라지지 않았다. 그가 당시 구상한 평화가 오늘날까지도 실현되지는 않았지만 말이다. 처칠이 당시 말한 것은 오늘날 다시 읽으면 그렇게 낯설게 들리지도 않는다. 하지만 그런 말을 처음으로 한 사람은 처칠이었다. 당시 냉전의 정점에서 그는 이것으로 세계를 뒤흔들었다. 러시아는 경청했다. 독일은 경악했고, 미국은 낯설어하며 걱정했다. 영국은 갑자기 새로운 희망을 느꼈다. 새로운 자부심이기도 했다. 영국의 위대한 늙은 정치가가 단번에 영국을 다시금 세계사의 한가운데로 밀어 넣은 것이다. 처칠의 평화 계획은 영국에서 나온 마지막 위대한 세계 발의發意였다.

그것을 계획이라고 부를 수 있을까? 아니면 그것은 그냥 단초, 단편적 생각, 잘 짜 맞추어 전체가 되지 못한 강력한 덩어리에 지나지 않는 것일까? 무어라 말하기 어렵다. 처칠 말년의 이런 위대한 마지막 구상에 대해서는 말년의 렘브란트나 말년의 베토벤이 내놓은 어떤 스케치나 구상을 보면서 느끼는 것과 비슷한 느낌을 받는다. "그가 이것을 완성했더라면 그가 만든 가장 위대한 작품이 되었을 것이다"라는 생각과 동시에, 그것이 과연 완성되었겠느냐는 의심이 나오는 것이다. 처칠은 원래 서로 일치하지 않아 보이는 많은 것을 동시에 원했다. 영미 통합과 유럽 통합, 나아가 되살려 낸 2차 세계대전 연합국들이 뒷받침하는, 모든 것을 덮는 위대한 핵 평화 등이었다. 아마도 이 모든 것을 합쳐서 이룰 수는 없을 것이다. 아마도 부분들이 서로 모순되어 전체를 만들어 내지 못할 것이다. 다른 한편으로는 국가 예술, 곧 정치의 작업은 다른 예술 작품들이 그렇듯이, 조화롭게 완결되어 견고한 완성으로 평화롭게 마무리되지는 못한다. 정치는 움직임이다. 여러 가지 일들을 움직이게 하고, 그런 움직임을 사람들이 원하는 방향으로 이끌어 가는 게 고작이다. 그리고 늙은 처칠이 한 번 더 강력하게 여러

가지 일들을 움직이게 했다는 점을 인정해야 할 것이다.

그런 움직임을 실제로 지휘하는 것은 그에게 허용되지 않았다. 정상 회담조차도 이루어 내지 못했다. 여러 가지 의미에서 말이다. 첫 단계에 도달하기도 전, 그러니까 그가 최초의 추동력을 만들어 내서 자신의 위대한 새로운 게임에 미국을 끌어들이기 위한 강대국 정상 회담을 준비하던 중에 뇌졸중 발작이 그를 기습했다.

1953년 6월 27일에 영국의 모든 신문에서 특이한 기사를 읽게 된다. 총리가 과로했고, 한 달 동안 "의무에서 면제"된다는 내용이었다. 과로? 면제라고? 이건 처칠 이야기처럼 들리지 않는다. 정말로 그는 반쪽이 마비되고 말을 할 수 없는 상태로 자신의 시골집인 차트웰 하우스에 누워 있었다. 그의 동료들은 그가 곧 사퇴하리라 기대했다. 의사들은 그가 곧 죽을 것이라고 여겼다.

그들은 그의 끈질김을 계산하지 않았다. 그는 포기하지 않았다. 절대로 포기하지 않았다. 그가 다시 입술을 움직일 수 있게 되자마자 다시 정상 회담 이야기를 시작했다. 그것은 9월에 열리기로 되었다. "나는 다른 누구도 할 수 없는 어떤 것을 할 수 있다는 느낌이오." 그는 의사에게 이렇게 털어놓았다. 거의 이해할 수 없는 웅얼거림으로 말이다. "나는 세계에 새로운 방향을 제시할 수 있을 것 같아. 어쩌면 세계 평화는 아니라도 세계의 긴장 완화를 말이오. 미국은 그걸 할 수 없어. 미국은 매우 강하지만 또한 매우 서툴기도 하지."

처음에 그는 자기 몸에 대한 통제력을 다시 얻으려는 노력 말고는 달리 할 수 있는 게 없었다. 늙은 정치가는 이제 다시 걷기를 배우는 어린아이가 되어 나날이 걷기를 더 잘하게 되는 것에 자부심을 느꼈다. "나는 아직은 다시 통치를 할 수 없어, 그건 분명해. 하지만 신체적으로는 점점 좋아지고 있소." 7월 19일에 이렇게 말했다(여전히 웅얼거리는 소리로). 이 모든 것을 서술한 의사는 계속 이렇게 말한다. "그는 자기가 이제 얼마나 더 잘 걷게 되었는지 보여 주려고 두 다리를 침대에서 내려서 다리를 움직여 욕실까지 갔다. 욕조 앞에서 지지대를 잡았다. 그것을 꼭 잡고 비어 있는 욕조 안에 서서 천천히 앉기 시작해서 마침내 성공적으로 자리를 잡고 앉았다. 실크 속옷만 걸친 채 말이다. '일주일 전만 해도 이건 할 수 없었어.'"

그런 다음 거의 한 호흡으로 처칠은 이렇게 말한다. "물론 러시아인들이 아마 회담을 거부할 테지. 그들은 나 혼자 나타난다면 더 좋아할걸. 미국을 화나게 하려고 말이지. 나를 미국에서 떼어 놓을 수는 없을 테니 말이지."

며칠 뒤 처칠은 이렇게 말한다.

"자주 이런 느낌이오. 내가 뇌를 너무 이용하면 뇌의 한 부분이 제대로 작동하지 않고 갑작스럽게 터지는 것 같아. 이건 물론 의학적이지 않다는 걸 알아. 하지만 난 내던져지지 않을 테요. 러시아인들과 해결을 볼 열쇠를 갖고 있거든. 아시겠소, 나는 엄청난 카드로 게임을 하고 있는데. 내가 성공한다면, 우리가 군비 축소를 할 수 있다면—그는 흥분해서 속삭였는데—노동자들에게 지금껏 가져 보지 못한 것을 줄 수 있을 거요. 일주일에 4일 일하고 3일은 노는 것 말이오!"

그 사이로 언제나 거듭 자기가 여기서 앓으며 누워 있는 동안에 모든 것이 잘못될까 걱정하곤 했다. 이따금 그는 눈물을 터뜨렸다. "나는 늘 물로 되어 있었지만, 지금은 그야말로 울보가 되었어. 그걸 어떻게 할 수가 없나?" 서방의 정상 회담 대신 열린 외무장관 회담에서 모든 것은 잘못되었고 [미국 국무장관] 존 덜레스John Dulles가 뜻을 관철했다. 처칠은 어찌할 바 모른 채 화를 냈고, 그의 분노는 재치가 있었다. "덜레스는 충분히 영리해서 상당히 큰 척도로 멍청할 수가 있거든."

이 무렵에 처칠은 휠체어에 앉아 있었지만 4주 뒤에는 다시 지팡이를 짚고 걸었고, 9월에 다시 처음으로 대중 앞에 나났고, 10월에는 보수당 전당대회에서 다시 연설을 했다. 그것은 그의 의지력이 거둔 믿을 수 없는 승리였지만, 이 연설에 앞서 그는 생애 한 번도 느껴 보지 못한 엄청난 두려움을 느꼈다. 자신의 신체에 대한 통제력은 되찾았지만 여전히 움직이는 게 힘들었다. 잘못 말하는 일이 쉽사리 일어났다. 자기가 한 시간 동안 두 다리로 서 있을 수 있을지조차 잘 몰랐다. 하지만 저들이 가장 작은 징후라도 알아채면 안 된다는 것을 알고 있었다. 너무 많은 말이 돌았고, 너무 많은 동료들이 그의 사퇴를 기다리고 있었다. 그가 완전히 회복되지 않았다는, 완전히 옛날 그대로의 사람이 아니라는 그 어떤 징표라도, 그러니까 어디선가 막히거나 엉뚱한 소리를 하거나, 심지어 쓰러지는 일이 일어나면 그대로 끝장이었다. 처칠은 마치 전투에 나가는 것처럼 이 연설을 하러 나섰다. 그는 이 전투에서 승리했다.

하지만 그 모든 것은 허사였다. 위대한 순간은 지나갔고, 결정적인 첫 도약은 없었으며 정상 회담은 이루어지지 못했다. 다른 일들이 밀려들었다. 인도차이나에서 프랑스의 위기, 베를린, 이어서 제네바 외무장관 회담 등등. 1954년 7월에 처칠은 마침내 자신의 위대한 계획으로 돌아올 수 있었다. 그는 미국으로 날아가서 그곳의 지형을 탐색했다. 그런 다음 모스크바로 편지를 써서 단독 정상 회담을 제안했다. 이것은 그의 마지막, 가장 대담한 승부수였다. 그는 이제 전쟁 동안 한 번도 감행하지 못한 것을 감행했다. 미국과의 결별 또는 겉보기만이라도 결별하고 홀로 걸어가려는 것이었다. 혹은 심지어 서방 동맹을 깨뜨리겠다는 말 없는 위협이었다. 그는 미국을 설득할 수 없다면 강요할 각오가 되었던 듯하다. 그는 내각과 상의하지 않은 채 사적으로 편지를 보냈다. 전쟁 때 루스벨트 대통령에게 사적으로 편지를 보낸 것과 마찬가지였다.

하지만 이번에는 내각이 반기를 들었다. 전시 총리로서는 묻지 않아도 허용해 주었지만, 이제 거의 여든 살이 된 처칠에게는 더 이상 허용되지 않았다. 그는 이제 더는 내각에 맞서 자기 뜻을 관철할 힘이 없었다. 이제 무슨 힘으로 자신의 뜻을 관철할 수 있었겠는가? 사퇴 위협으로? 하지만 사람들은 어차피 그의 사퇴를 기다리고 있었다.

사람들은 이제 더는 기다리지 못하고 거의 압력을 가했다. 그렇다고 보수당을 사납게 질책할 수 있나? 1954년의 처칠이 신체적으로 총리직을 감당할 수 없다는 것을 더는 감출 수 없었다. 1953년 전반부의 즐거움은 촛불의 마지막 불꽃이었다. 어쩌면 졸도의 전조였는지도 모른다. 그의 회복은 영웅적이었지만 완전하지는 않았다. 이제 그는 반나절 총리도 되지 못했다. "시간 단위로만 그는 위대하고, 전보다 더 낫다"고 당시 그의 비서가 가까운 사람들에게 보고했다. "하지만 그런 다음엔 갑자기 사라져서는 한참이나 정신이 나가 버린다."

그는 이제 우울증 발작에 시달렸다. 전에도 이미 이따금씩 그런 증세가 있었고 그것은 아버지 쪽에서 물려받은 유전적 요소였다. 하지만 이제는 점점 잦아졌다. 이는 그가 "검은 개"라고 부르던 상태였다. "검은 개가 다시 나타났다"고 말이다. 그의 저항력은 마비되었다. 가장 가까운 측근이던 앤서니 이든과 해럴드 맥밀런Harold MacMillan이 차례로 사퇴를 요구하자 그는 마침내 항복했다. 1955년 초의 일이었다. 그러고도 다시 망설이다가 4월 5일에야 물러났다. 런던의 신문들은 마침 파업 중이라 작별 기사는 없었다. 처칠은 생애 처음으로 머리기사가 되지 못했다.

그것 말고는 모두 최고의 형식으로 이루어졌다. 그의 여든 살 생일은 이전에 살아 있는 정치가가 한 번도 경험하지 못한 정도로 성대하게 축하되었다. 그리고 사퇴 전날 저녁에는 여왕이 그의 집을 방문했다. 이 또한 전례가 없는 명예였다. 그는 무릎까지 오는 바지에 궁정 예복을 입었다. 그리고 떠나는 여왕을 위해서 그가 자동차의 문을 열었다. 거리는 인파로 넘쳤고, 사방에서 플래시가 터지고 카메라가 소리를 내며 돌아갔다. 늙은 처칠은 가장 위대한 태도를 보였다. 그는 미소를 짓고 거의 빛나는 모습이었다. 이번에는 몰락하지 않고 제 발로 걸어서 나왔다. 명예를 잔뜩 얻고 위대한 기품을 지닌 채 자발적으로 말이다. 그가 이런 식으로 직위에서 물러나는 것은 이번이 처음이었다. 대신 이번은 마지막 물러남이었다. 정치에서, 권력에서, 그리고 자신의 미완성 작업에서 말이다. 그

1955년 4월 4일, 처칠이 여왕 부부를 배웅하고 있다.

1957년 1월, 처칠이 프랑스 리비에라 해안에서
휴가를 보내려고 런던을 떠나고 있다.

자신은 삶에서 물러나는 것이라 느꼈다.

그런 다음 그는 거의 10년을 더 살았다. 이 10년에 대해서는 보고할 것이 별로 없다. 그것은 쓰라린 마음으로 시작되었다. 쓰라린 마음은 우울증과 무료함으로 넘어갔다. 그리고 무료함은 천천히 빛이 사위는 단계로 넘어갔다.

쓰라린 마음— 그의 물러남이 아무리 명예롭고 언뜻 보기에는 자발적이었어도 그 자신에게는 여전히 이전에 경험했던 자발적이지 않은 세 차례 물러남과 동일했다. 즉 밀려나고 추방당한 것이었다. 이번에는 항구적으로 말이다. 그는 그것을 받아들였다. 하지만 쉽사리 받아들이지는 못했다. 기다리던 공작 작위를 이번에도 거절했다. 1955년과 1959년에 두 번 더 거절하고 그는 하원의원으로 당선되었다. 처음 몇 년 동안에는 자주 자신의 옛날 자리에 앉았다. 중간 복도 아래 구석 자리였다. 그것은 전통적으로 유명한 아웃사이더와 정당에 반발한 사람들에게 주어진 자리였다. 하지만 그는 입을 열지 않았다. 모두가 그의 입에서 나올 한마디를 기다리는 기회들이 있었다. 예를 들면 1956년 수에즈 운하 사건* 직후 같은 때였다. 하

■ 쿠데타로 이집트의 정권을 장악한 나세르 대통령이 당시 영국 회사가 운영하던 수에즈 운하를 점령하고 국유화하면서 발생한 국가 간 갈등. 1956년 영국, 프랑스, 이스라엘 연합군이 이집트를 침공하는 빌미가 되었다. '수에즈 위기'라고도 부른다.

90세의 처칠.

지만 그는 침묵했다. 이제 영원히 침묵하기로 마음먹었던 것이다.

처음에는 옛날 친구들을 만나고 여행하고 그림을 그리고 책을 읽었다. 그런 다음 그런 것도 하나씩 차례로 접었다. 그는 점차 완전히 귀가 멀고, 노년의 여러 장애들이 나타났다. 그리고 여러 번이나 가벼운 또는 심각한 뇌졸중 발작들을 겪었다. 그의 하인들은— 그는 여전히 하인들을 두고 있었으니 — 차츰 간병인이 되었다. 그는 계단을 오르거나 내려올 때 들것에 실려서 다녔고 긴 여름날은 정원에서, 긴 겨울날은 벽난로 앞에 앉아서 자주 골똘히 생각에 잠긴 듯, 자주 멍하니 앞만 바라보면서 지팡이로 모래에 그림을 그렸다.

세월이 가면서 점차 그가 죽지 않는다는 것이 눈에 띄게 되었다. 처음에 그는 자주 죽음을 소망했다. 이제 쓸모없게 되어버린 삶이 자신에게 부담이 되었던 것이다. 하지만 죽을 수가 없었다. 그는 포기할 줄을 몰랐다. 지금도 그의 안에는 포기하지 못하는 무언가가 있었으니, 그것은 그 자신이 알든 모르든 마지막까지 죽음에 맞서 항거했다. 죽음은 다른 모든 사람에게 했듯이 천천히 한 조각씩 그를 차지했다.

1962년에 그는 불운하게도 미끄러져서 허벅다리에 골절상을 입었다. 이제 여든여덟 살이었다. 이 나이에는 그런 것을 극복하기가 어렵다. 모든 신문사 편집국에서는 처칠을 위한 추도사가 준비되었고, 그를 위해 마련한 거대한 장례식의 마지막 준비가 시작되었다. 그는 두 달 동안 깁스를 하고 누워 있었다. 그런 다음 병원에서 실려 나와서, 위축되고 인지 능력이 쇠퇴했지만 살아 있었다. 여전히 한 번 더 승리했다. 밖에서는 사람들이 떼로 모여들어 경건한 호기심으로, 절반은 충격, 절반은 당혹감으로 아직도 살아 있는 이 전설적인 인물을 기다렸다. 젊은 사람들은 그가 살아 있다는 것을 거의 이해하지 못했다. 1940년에 불타는 런던에서 세계사를 만들어 낸 그 사람은 이제는 1898년 옴두르만에서 최후의 기병 공격에 동참했던 사람만큼이나 거리가 멀었다. 그런 사람이 있었다고? 그가 정말 아직도 있나? 하지만 그는 실제로 있었고, 그가 밖으로 실려 나온 것이다. 그는 조심스런 환호성을 들었다. 희미한 미소를 지으려고 애썼다. 그리고 팔을 약간 들어 올리고 공중에 두 손가락을 뻗어서 철자 V를 그리려고 했다. "빅토리의 V"를 말이다. 이것은 전쟁 중에 그가 언제나 보여 주던 승리의 표시였다.

그런 다음에도 그는 한동안 더 살았다. 죽음과의 오랜 싸움 끝에 1965년 1월 24일에 아흔 살의 나이로 죽었다. 그가 혼수 상태에 있던 2주 내내 그의 집에는 다시 사람들이 몰려들었다. 자주 여러 시간 동안이나 거기 모여서 마치 때 이른 초상집 밤새움이라도 하는 듯 진지한 얼굴을 했다. 누군가가 그에게서

들었다는 마지막 말은 이랬다. "모든 게 너무 지루해."

영국은 그를 위해 엄청난 장례식을 마련했다. 마치 한 사람이 아니라 영국 역사 자체가 무덤에 실려 가는 것만 같았다. 처칠이 마지막 장을 쓴 영광과 행운의 역사, 지금부터 거의 4반세기 이전의 역사 말이다. 영국인들은 기꺼이 그를 웨스트민스터 사원이나 성 바울로 대성당에 넬슨과 웰링턴 옆에 매장했을 것이다. 하지만 그가 그것을 금지했다. 관은 마지막으로 선원들에 의해 템스강을 따라 운반되고 거기서 바지선에 실려서 강의 상류로, 이어서 협궤 철도로 시골 마을인 옥스퍼드셔의 블레이든Bladon 마을로 운반되었다. 그의 유언에 맞게, 그의 아버지가 묻힌 알려지지 않은 영국의 시골 묘지에 처칠의 무덤이 있다.

옥스퍼드셔 블레이든에 있는 처칠의 무덤.

1874	11월 30일, 블레넘궁에서 탄생.
1876 ~ 1879	더블린에서의 어린 시절.
1881 ~ 1892	애스컷, 브라이턴, 해로 스쿨 시절.
1893 ~ 1894	샌드허스트 사관학교 생도.
1895	1월, 아버지 사망.
	3월, 제4 기병 연대 소위 임관.
	11월, 쿠바에서 종군 기자.
1896	인도: 폴로 경기에 열중하고 독학을 계속.
1897	인도 서북 국경선의 여러 전투에 참가.
1898	수단 원정군에 참가. 옴두르만 전투 참전.
1899	제대.
	하원의원에 출마했다가 낙선.
	보어전쟁에서 종군 기자. 포로가 되었다가

	도주.
1900	장교로 복귀. 보어전쟁에 참전.
	하원의원 당선.
1904	보수당에서 자유당으로 당적 변경.
1906	식민차관.
1908	경제장관.
	클레먼타인 호지어와 혼인.
1910	내무장관.
1911	10월, 해군장관.
1914	안트베르펜 방어.
	사퇴 제안.
1915	5월 18일, 해군장관 사임.
	랭커스터 공작령 총리.
	11월 사퇴.
	플랑드르에서 대대장.
1916	5월, 하원으로 복귀.
1917	7월, 군비장관.
1919	1월, 육군장관 및 공군장관.
1920	식민장관.
1922	10월 / 11월, 정부 해체, 선거 패배.
1924	다시 당적 변경. 자유당에서 보수당으로.

	11월, 재무장관.
1929	정부 해체.
1930	보수당 그림자 내각에서 사퇴.
1939	9월 4일, 다시 해군장관.
1940	5월 10일, 연립정부의 총리 겸 국방장관.
1943	11월, 테헤란 정상 회담.
1945	2월, 얄타 회담.
	5월, 유럽 종전, 영국에서 연립정부 해체.
	보수당 총리.
	7월, 새로운 선거 뒤에 정부 해체.
1945~1951	야당인 보수당 대표.
1951	10월, 다시 보수당 총리.
1953	뇌졸중 발작.
	노벨 문학상 수상.
1955	4월 5일, 사퇴.
1965	1월 24일, 런던에서 사망.

증언

G. W. 스티븐스 G. W. Stevens

그가 계속 저렇게 나간다면 서른에는 의회가 너무 좁고, 마흔에는 영국이 너무 좁게 느껴질 것이다.

《데일리 메일》 *Daily Mail* 1898

위컴 스티드 Wickham Steed

그 사람조차도 과장된 드라마로 만들 수 없는 상황이 생긴다면, 그는 우리 역사상 가장 위대한 총리가 될 수도 있다.

1938

노먼 브룩 경 Sir Norman Brook

처칠이 없었다면 됭케르크 다음 무슨 일이 벌어졌을지 아무도 말할 수 없다. 그가 있는 한 히틀러와의 협상은 아예 논란거리도 아니었고 특별 평화는 생각할 수도 없었다.

샤를 드골Charles de Gaules

처칠은 (1940년 6월에) 가장 거친 일이라도, 그것이 동시에 장대하기만 하다면, 해낼 수 있는 사람으로 보였다. 그의 판단력, 높은 교양, 당시 상황에서 중요한 대부분의 문제와 나라들과 사람들에 대한 친숙도, 마지막으로 전쟁이라는 직업에 대한 열정, 이 모든 것이 놀이하듯이 펼쳐졌다. 그는 무엇보다도 그 방식이 행동, 위험, 위대한 역할을 하도록 만들어진 사람이었다. 그리고 그런 역할을 거침없이 격하게 해냈다. 줄여 말하자면 나는 그가 지도자이며 보스로서 확고한 사람임을 보았다.

이런 요소들은 이어지는 시기에 확인되었다. 아주 특별한 처칠 방식 능변이 전개되고 그가 이런 능력을 능숙하게 사용한다는 점도 덧붙여졌다. 청중이 누구든 상관없이, 대중이든, 회의나 위원회에서든, 심지어 개별적인 협상 파트너나 또는 마이크를 앞에 둔 연단에서, 원탁에서, 책상 앞에서도 언제나 똑같이 발상, 논거, 감상 등이 언제나 똑같이 독창적·시적·효과적으로 폭풍처럼 흘러나왔고, 가련한 인류가 신음하는 극적인 상황에서는 이 모든 것이 거의 항거할 수 없는 힘으로 사람들의 머리 위로 쏟아져 나왔다. 노련한 정치가인 그는 이런 천

사 같은, 악마 같은 재능을 자유자재로 활용했다. 그것으로 영
국인의 무신경을 꿰뚫고 외국인을 감동시켰다. 제스처나 발의
發意에 양념으로 곁들이는 유머, 때로는 매력, 때로는 분노를 동
원하는 그 능숙함은 그가 벌이는 그 무시무시한 게임에서 그가
얼마나 대가인지를 거듭 보여 주곤 했다.

우리 사이에는 거칠고도 고통스런 장면들이 있었다. 우리의
성격이 빚어내는 마찰, 두 나라 사이에 특정한 이해의 대립에
서 나오는 마찰, 두 나라 사이의 마찰, 특히 영국이 상처 입은
프랑스의 허약함을 이용하려는 데서 생기는 마찰로 인한 장면
들이었다. 그것은 나의 태도에 영향을 주었지만 나의 판단력
에 영향을 주지는 않았다. 윈스턴 처칠은 저 드라마의 처음부
터 끝까지 내게는 위대한 작품의 위대한 대가이며, 위대한 역
사의 위대한 예술가였다.

드와이트 아이젠하워 Dwight Eisenhower

전쟁에서 처칠은 모든 군사 작전을 보살폈기에 그는 실질적으
로 영국 참모부의 일원이었다. 그가 참여하지 않은 대규모 참
모 회의가 기억나지 않는다.

그는 내게는 불운에서 영국의 용감함과 끈질김의 구현, 성
과에서 영국 보수파의 구현으로 보였다. 그와 의견의 일치를
보지 않으면— 그것은 어쩔 수 없이 이따금 벌어지는 일이었

는데 — 그는 상대하기 힘든 적대자였다. 1 대 1로 논쟁을 벌일 때조차 그는 매우 수사적으로 될 수가 있었다. 목표를 지향하는 그의 집요함은 그것을 자연스럽고도 적절한 일처럼 보이게 했다. 그는 열정과 유머를 동일하게 사용할 수 있었다.

어떤 결정이 그의 마음에 들지 않으면 그는 거듭 그 자리로 되돌아가서 마지막 순간까지 그것을 되돌리려고 시도했다. 하지만 작전이 개시되면 지나간 모든 일을 잊어버리고는 오로지 작전의 성공만 생각했다. 그러고는 자기가 약속한 것 이상을 해내려고 언제나 노력했다.

전쟁이 진행되는 동안에 내가 처칠과 대립했던 몇 가지 문제들은 성취하기가 가장 힘든 문제들이었다. 하지만 내가 권한의 경계 안에 머무는 한 그는 오로지 설득을 통해서나 아니면 연합군 전체 전략의 파괴를 통해서만 관여할 수 있었다. 그렇다 해도 여전히 그가 덜 너그러운 사람이었다면, 그는 내 과제를 천 배나 더 어렵게 만들 수도 있었을 것이다. 그가 동의하지 않은 중요한 결정에서조차 그가 보여 준 기사의 태도와 도움에 대해 나는 무한한 감사를 빚지고 있다. 그는 위대한 전사였으며, 지금도 위대한 사람이다.

아돌프 히틀러 Adolf Hitler

이 술통에 수다꾼 처칠, 이 거짓말 덩어리 일급 건달이 지속적인 가치를 위해 정말로 무슨 일을 했던가? 이번 전쟁이 나지 않았더라도, 앞으로 수백 년 동안 사람들은 우리 시대와 나 개인을 위대한 평화 작업의 창조자로 기억했을 것이다. 하지만 이번 전쟁에서 저 처칠 씨가 성공하지 못한다면, 누가 그 사람 이야기를 할까? 하지만 그래도 그는 자기가 — 우리가 아니라 — 파괴한 제국의 파괴자로서 계속 살아남을 것이다. 긍정적인 것을 만들어 낼 능력은 없고 그냥 없앨 능력만을 가진, 세계 역사상 가장 가련한 영웅주의 천성의 하나다.

1942

레이디 바이올렛 보넘 카터 (바이올렛 애스퀴스) Lady Violet Bonham Carter (Violet Asquith)

그는 자기 의견의 틀 안에 완전히 갇혀서 자주 다른 사람을 전혀 고려하지 않고, 심지어 각각의 상황에서 다른 사람을 실질적인 인자因子로 여기지도 않았다. 그는 귀를 바닥에 댄 적이 없었다. 수신자가 아니라 발신자였다. 오로지 자신의 메시지에만, 그리고 어떻게 하면 그것을 타당하게 만들 수 있는가에만 관심이 있었다. 그에게는 대중 선동가의 섬세한 안테나도 아첨하는 유연함도 없었다. 케인스는 언젠가 로이드 조지를 "빛을 받아들여 나누는, 그래서 빛이 동시에 여러 방향으로 나가면 가장 밝게 빛나게 되는" 프리즘에 비한 적이 있었다. 윈스턴 처칠은 프리즘이 되어 본 적이 없었다. 한 번도 낯선 빛을 받아들이거나 반사한 적이 없다. 그 자신이 광원光源이었고, 그의 빛은 집요하고 직접적이고 집중된 광채였다. 그의 긴 정치 인생 동안에 영국의 대중이 말하자면 눈이 부셔서 그에게서 눈길을 다른 곳으로 돌린 이유가 그것이다. 대중은 눈부시게 하는 것에 불신을 갖고 빛을 들여다보고 싶어 하지 않는다.

허버트 조지 웰스Herbert George Wells

그는 아주 순진하게도, 자기가 평범한 사람들의 영웅적 행동을 위해 그들의 생명을 원료로 사용할 수 있는 선택받은 사람에 속한다고 믿었다. 즉 천상의 힘이 그들의 생명을 이런 목적에 쓰라고 자기에게 내주기라도 한 것처럼 말이다. 그는 상상력으로 가득 차 있고, 꿈에 붙잡혀 있다. 위대한 행동, 위대한 삶의 꿈으로 말이다. 그의 상상력은 단눈치오의 그것과 매우 흡사한 종류의 것이다. 단눈치오가 영국인이라면 처칠이 되었을 것이고, 처칠이 이탈리아인이라면 단눈치오가 되었을 것이다……. 그가 무엇보다도 소망하는 것은 악당으로 가득한데 주인공은 하나뿐인 무대이다.

맬컴 머거리지Malcolm Muggeridge

처칠에 대한 역사의 판단이 어떠하든 역사는 이것을 인정하지 않을 수 없다. 예술가는 행동의 인간이 될 수 없다는 규칙에서 그가 하나의 예외라는 것 말이다. 그를 위대한 지도자로 만든 것과 동일한 내면의 불길이 그가 쓴 모든 낱말에서 불타오르고, 그 역도 참이다.

조지 버나드 쇼 George Bernard Shaw

내가 처칠에게 정말로 물어보고 싶은 것은 이것이다. 그는 하원의 정당 체제에서 자기 삶을 실제로 낭비해 버렸는데, 한 번 더 살 수 있다면 또다시 하원에서 그 삶을 낭비하겠는가? 그는 병사로서 그리고 작가로서 진짜 경력을 만들었으니 말이다.

옮긴이의 글

1

긴 생애에 걸쳐 수많은 세계사적 사건들을 겪은 윈스턴 처칠, 그의 삶을 다룬 이 짧은 전기에는 여러 면에서 호사가들의 궁금증을 유발하는 묘한 재미가 들어 있다. 다만 전체 내용을 휩쓸어 가는 역사의 흐름이 너무 거대하고도 과격해서 잔재미에 빠져 있을 수가 없다. 그랬다가는 소소한 재미들을 얻고 진짜 큰 내용을 놓칠 것이기 때문이다.

하지만 이건 어디까지나 옮긴이의 글인 데다가 후기이니만큼 큰 내용은 뒤로 돌리고 잔재미에 먼저 빠져 보자.

그냥 흘리고 지나치기 쉽지만 제일 먼저 눈에 띄는 점은 독일인 저자가 영국인 처칠의 전기를 썼다는 사실이다. 잘 알려져 있다시피 20세기의 양차 대전에서 독일은 영국의 적이었다. 처칠과 히틀러 모두 두 번의 대전을 몸소 겪었고, 처칠은 히틀러를 역사적으로 패배자의 자리로 밀어 넣은 당사자다. 이 책의 저자 제바스티안 하프너는 히틀러에 관련된 다수의 글과 저서를 낸 사람인데, 여기서는 처칠의 전기 작가로도 나타난다. 알 듯 모를 듯 기묘한 느낌이 들지 않을 수 없다.

물론 하프너의 배경을 알고 보면 그리 놀라운 일은 아니다. 잠시 뒤에는 오히려 그렇다면 더욱 재미있는 관점이 나올 거라는 기대감까지 생겨난다. 다만 그는 먼저 영국에서 《옵서버》지 편집장 자리까지 오르는 저널리스트 노릇을 한 다음, 나중에야 독일 언론을 위해서도 일했다. 그렇듯이 먼저 윈스턴 처칠의 전기를 쓰고 히틀러 관련 주요 책들은 그보다 나중에 썼다. 그런 만큼 이 책의 출간 연도가 처칠이 죽고 겨우 2년이 지난 1967년이고, 따라서 여기서 '지금'이라는 말이 진짜 지금이 아니라는 점도 반드시 기억해야 한다.

또 한 가지, 하프너가 그토록 명료한 관점을 지니고 짧고도 명쾌한 글을 쓰는 것은, 일부는 그가 영국에서 글쓰기 훈련을 한 사람이라는 것과도 관계가 있어 보인다. 하프너의 글은 그가 활동하던 당시 많은 독일 학자들이 쓰던 난해하기 이를 데 없는, 독일인들이 '학술 중국어'라 부르는 문체의 흔적을 보이지 않는다. 비교적 간결하고 뛰어난 저널리스트 문체다. 또한 그는 두 번의 대전을 관찰하고 두 나라를 모두 겪으면서, 거시

적인 관점에서 역사를 간결하게 요약하는 훈련을 거친 것 같
다. 덕분에 독일에서 생명력이 가장 긴 인기 있는 역사 교양서
들을 내놓을 수가 있었다.

2

처칠의 생애로 들어가는 입구에서 뜻밖에도 독자는 고위귀족
으로 유명 정치인이었던 그의 아버지를 만나게 된다. 물론 모
든 아들은 아버지의 아들이니 만큼 당연한 일이기는 하지만.
어쨌든 아버지의 연애 이야기와 처칠의 탄생 이야기가 상당히
놀랍고, 나아가 아버지의 삶이 그야말로 반전에 반전을 거듭
하는 것이라 독자를 더욱 놀라게 한다. 영국에서는 잘 알려진
이야기들인 모양이다. 그의 어머니의 생애만 해도 이미 여러
번이나 영화로 만들어졌다.

그러면서 보통의 한국 사람들이 짐작하기 어려운 영국 귀족
들의 삶의 단면 일부가 느닷없이 등장한다. 처칠이 그만큼 고
위귀족 출신이고 당연히 보수당 소속이라 일정 부분 피할 수
없는 일인데, 다만 그 세계가 속에서부터 관찰되어 잠깐씩 치
부까지 속속들이 노출되니 잠시 모든 것을 잊고 즐겁게 빠져
들어 음미해 볼 수가 있다.

이어서 나타나는 윈스턴의 어린 시절 이야기. 특히 저 유명

옮긴이의 글

한 영국 사립 기숙학교의 내부 풍경과 그곳의 관행이 다시 충격적이다. 이런 기숙학교들은 상류층의 어린 소년들을 모아 놓은 '매질 천국'인데 그것도 오랜 시험을 거쳐서 일부러 그렇게 만든 것이고, 게다가 실패율이 극히 낮은 성공적인 시스템이었다니 놀란 입이 다물어지지 않는다.

하지만 충격은 아직도 끝이 아니다. 이 놀라운 교육기계 한복판에서 어린 소년 처칠이 벌이는 스트라이크가 읽는 이를 악몽처럼 사로잡는다. 만 일곱 살부터 12년 동안이나 그는 거의 아무것도 배우지 않은 채 그 온갖 매질을 견뎌 냈다. 잠깐씩 무너지기는 했어도 완전히 무너지지 않은 채로 그야말로 무식하게 뚝심 하나로 그 학창 시절을 견디고 살아남았다.

우리 눈에 가장 영국적으로 보이는 이 사람, 고위귀족 출신인 이 사람은 영국 상류층의 교육 시스템 자체에 반기를 든 반항인이었던 것이다. 그동안 그의 부모는 대체 무엇을 했고, 그런 사회는 대체 어떤 사회였던가?!! 그런데도 뒷날의 윈스턴 처칠을 만든 것은 결국은 그가 지닌 이런 뚝심과 맷집 덕이었고, 그는 어떤 의미에서든 철저히 그 사회와 그 부모의 아들이었다. 어찌 아니 그렇겠는가?

아버지가 죽고 기병 소위가 된 처칠은 아버지와 사관학교의 강압적인 분위기에서 완전히 벗어나면서 스스로 자기 삶의 주인공이 되었다. 이 전기의 앞부분을 읽다 보면, 그가 가문의 혜택을 안 입었다고 말하기는 어렵지만, 그런데도 이른바 '자수성가' 유형이라는 인상을 지우기가 어렵다. 집안의 후광도 상류층 학교의 후광도 그에게는 모두 진짜가 아니지 않은가.

3

그렇게 좋은 학교에서 그토록 거의 아무것도 배우지 못한 그는 자신의 재주로 살아남았다. 먼저 군사적 재능, 이어서 글쓰기 재능, 그리고 긴가민가하지만 아무튼 정치가로서의 재능이었다. 글쓰기 재능은 원래 잘하던 국어[=영어]를 뒷날 엄청난 양의 독서를 통해 더욱 보강한 것으로, 일정 부분은 독학의 산물이었다. 그의 원래 재능은 아마도 총사령관으로서의 전략적 사유 능력이었던 모양이다.

그가 정계에 입문하는 과정에 등장하는 보어전쟁에서의 액션 영화 주인공 같은 모험 이야기와, 보수당 의원으로 당선되고 얼마 지나지 않아 자유당으로 당적을 변경한 이야기 등은 매우 놀랍다. 처칠의 삶에는 사랑 이야기가 없지만 그의 생애 이야기는 잠시도 지루할 틈 없이 스릴이 넘친다. 그렇게 보수당 집권의 말기에 앞날이 창창해 보이는 자유당으로 갈아타고는, 자유당이 집권하자 곧바로 차관부터 시작해서 연달아 이런저런 장관직을 거친다.

다시 머지않아 자유당 내부에서 극좌 세력을 이끄는 로이드 조지와 연합한 이야기도 상상을 초월하는 반전이다. 그리고 1차 대전이 시작되면서 머지않아 해군장관직을 박탈당했다가 나중에 다른 장관직에 복귀한다. 그런 사연 하나하나가 천천히 음미해 보면 그의 특별한 재능과 기질에 대한 많은 이야기들을 담고 있다. 전쟁이 끝나고 나서 그는 당시 '대세'로 떠오르던 보수당으로 또다시 당적을 변경했다. 이런 '철새 정치인'의 이력도 보수당원으로서는 특이한 일이고, 특히 영국에서는 정말 생각하기 힘든 일이라고 한다. 물론 그런 그의 행적은 평생의 정치 경력에서 많은 적들을 만들어 냈다.

그런데도 2차 대전이 시작되면서 그는 거의 기적적인 운명의 힘을 통해 영국 총리로 올라선다. 그러니까 처칠은 1차 대전의 장관, 2차 대전의 총리였다. 물론 그가 히틀러에 맞서 거의 이기기 어려운 이 전쟁을 승리로 이끈 과정이 가장 놀랍고, 그것이 우리가 이 전기를 읽는 이유다. 그것이 아니었다면 처칠은 그토록 명성을 얻을 수는 없었을 테고, 따라서 이런 전기가 나오지도 않았을 테니 말이다.

4

이제야 우리는 20세기의 두 적대자를 만나게 된다. 물론 주로 처칠의 이야기고 히틀러는 배후에 잠깐씩만 등장한다. 히틀러가 그림자 속에 들어 있기는 해도, 그의 모습을 빼고는 처칠의 모습도 모호해질 수밖에 없다. 그렇게 만나는 두 인물의 대비와 유사점이 놀랍기만 하다.

하지만 상당히 닮은꼴인 이 두 사람 이야기로 들어가기 전에 먼저 영국 정치에서 '유화 정책'이 갖는 의미와 배경에 대해 비교적 상세한 설명을 들을 수 있다. 어쩌면 이 책이 우리에게 제공하는 가장 큰 미덕 하나가 이런 배경 설명들이다. 동시에 뛰어난 재무장관 출신으로 처칠 직전에 총리였던 네빌 체임벌린이 유화 정책을 추진한 이유도 알게 된다. 그가 자신을 잊고 마지막까지 나라를 위해 일하다가 스러져 버리는 과정은 헌신적인 투사가 소리 없이 전사戰死하는 과정을 보는 것만 같다.

그런 다음 처칠의 빛나는 시간이 열린다. 그가 전투에서 절대로 뒤로 물러나지 않는 투사였기에 가능한 세계사적 순간이었다. 하지만 여러 해 동안의 전쟁 준비를 끝내고 본격적으로 정복 전쟁을 시작하는 히틀러의 독일에 맞서 영국은 전쟁 준비가 시작조차 제대로 되지 않은 상태였다. 그런 상황에서 처칠은 먼저 유화주의자들을 배제하고, 거의 쿠데타라 부를 만한 조치들을 통해 영국의 총리 겸 실질적인 총사령관이 되었다. 즉 히틀러처럼 그도 거의 전권全權을 거머쥔 것이다. 이런 권력을 바탕으로 곧바로 총동원령을 내려서 반년 만에 영국을 단단히 무장시켰다. 마지막으로 자신의 온갖 전략적 사유 능력과 글재주를 동원해서 루스벨트 대통령을 거의 개인적으로 설득해 마침내 미국을 참전시켰다. 물론 운명과 히틀러도 여기 도움을 주었다. 전쟁의 승리보다는 오히려 이런 숨 막히는 과정 자체에 처칠의 역사적 의미가 있다는 것이 저자의 평가다.

한 가지 특이한 점은 처칠과 히틀러라는 이 두 대척자antipode가 갖는 유사점이다. 히틀러 평전을 번역하고 그의 행적을 상당 부분 알고 있는 번역자의 눈에 제일 먼저 들어온 것이 바로 이런 유사점이었다. 두 사람 모두 운명의 부름을 받았다는 강력한 소명 의식을 지녔다. 동시에 그런데도 자기들의 수명이 길지 못할 것이므로 시간이 없다는 초조한 강박 관념도 지녔다. 그리고 그들은 서로 알지도 못하는 채로 거의 동시에, 그러니까 우연히 몇 가지 합동 작전을 펼쳐 역사와 자기들 운명의 방향을 결정했다. 놀라운 일이다.

그것 말고도 저자가 꼽는 공통점들이 더 있다. 둘 다 전쟁을 위해 태어났다고 할 만큼 전쟁을 사랑했다는 것, 20세기의 시대 조류보다는 더 옛날의 사고방식을 가진 시대착오적 인물들이었다는 것, 무엇이든 극단까지 밀어붙이는 과격성을 지녔다는 것 등이다. 이런 공통점들을 바탕으로 그들은 강强 대 강으로 맞붙었다.

처칠이 보수당으로 되돌아가던 시절, 반혁명주의자로서 대륙의 파시스트들과 노선을 같이했다는 사실도 흥미롭다. 그러니까 두 사람의 사유 방향도 유사한 측면을 갖는다. 다만 히틀러의 파시즘이 단순한 반혁명 정치 노선을 넘어 극단적 인종 말살의 목표를 지닌 또 다른 종류의 혁명이라는 특성을 간파하면서, 처칠의 반혁명 본능이 히틀러의 인종 혁명에 맞섰다는 설명이다.

물론 두 사람의 차이점도 못지않게 크다. 처칠이 내면에 지녔던 고귀하고 인간적인 성품을 히틀러는 지니지 못했다. 처칠이 지닌 신사의 요소도 히틀러에게는 없었다. 그는 상대가 양보하거나 물러서면 상대를 더욱 가차 없이 짓밟으려 드는 저질 깡패 성품의 소유자였다. 두 사람의 과격성이 비슷하더라도 방향은 이렇듯 정반대다. 여기서 도덕성의 관점이 나타난다. 히틀러의 반도덕적 방향성이 결국 처칠의 도덕적 노선과 맞붙은 것이고, 처칠과 연합군이 승리했던 것이다. 처칠이 아니었다면 히틀러의 유럽 정복이 성공했을지도 모른다는 통찰과 그런 세상의 전망을 읽으면 등골이 오싹해진다.

이 책은 하프너의 책들이 흔히 그렇듯이 짧은 책의 장점들을 지녔다. 길고 복잡한 20세기 전반부 역사를 한 두름으로 엮어 놓아서 전체를 관찰하기가 아주 편리하다. 대신 상세한 설명이 부족해 늘 아쉬움이 남는다. 하지만 한 권의 책에 두 가지 모두를 기대할 수는 없는 노릇이고, 특히 요즘은 전체 흐름만 꿰고 나면 상세한 부분은 얼마든지 찾아 읽을 수 있으니 실은 별 문제가 아니다. 한국어 인터넷 검색기만 잘 활용해도 상세한 내용을 알아내기란 그다지 어렵지 않으니 말이다.

2019년 5월
안인희

참고 문헌

1. 참고 문헌과 정기 간행물

Farmer, B. J. : Bibliography of the works of Sir Winston Churchill. London 1958

Winston Churchill memorial lecture. Bd. 1 ff. Zürich 1967 ff.

Woods, Frederick : A bibliography of the works of Sir Winston Churchill. KG, OM, CH. 3. Aufl. London 1975

Messick, Frederic M. : With Churchill. A bibliography of his associates. In : Bulletin of bibliography 46 (1989), S. 195-203

Select classified guide to the holdings of the Churchill Archives Centre, January 1992. Cambridge 1992

Rasor, Eugene L. : Winston S. Churchill, 1874-1965. A comprehensive historiography and annotated bibliography. Westport, Conn. 2000

Barrett, Buckley B. : Churchill. A concise bibliography. Westport, Conn. 2000

2. 처칠의 작품들. 원어 제목과 독일어 번역판

a) 작품들

The Story of the Malakand Field Force. An episode of frontier war. London (Longmans Green) 1898

The River War. An historical account of the reconquest of the Soudan. 2 Bde. London (Longmans Green) 1899

Savrola. A tale of the revolution in Laurania. New York (Longmans Green) 1900. – Dt.: Savrola. Die Revolution in Laurania. Roman. Übertr. von Carl Bach. Bern (Hallwag) 1948

London to Ladysmith via Pretoria. London (Longmans Green) 1900

Jan Hamilton's march. London (Longmans Green) 1900

Mr. Brodrick's army. London (Humphreys) 1903

Lord Randolph Churchill. 2 Bde. London (Macmillan) 1906

My African journey. London (Hodder and Stoughton) 1908

Liberalism and the social problem. London (Hodder and Stoughton) 1909

The world crisis. 5 Bde. London (Butterworth) 1923–1931. – Bd. 1. 1911–1914. 1923. – Bd. 2. 1915. 1923. – Bd. 3, T. 1/2. 1916–1918. 1927. – Bd. 4. The aftermath. 1929. – Bd. 5. The eastern front. 1931

The world crisis 1911–1918. Abridged and revised with additional chapter on the Battle of The Marne. London (Butterworth) 1931. – Dt.: Die Weltkrise 1911–1918. Gekürzte u. neu durchges. Ausg. in 2 Bden. Übertr. von Franz Fein. Zürich (Amstutz & Herdeg) 1946

Parliamentary government and the economic problem. Oxford (Clarendon Press) 1930

My early life. A roving commission. London (Butterworth) 1930. – Dt.: Welt abenteuer im Dienst. Übers. von Dagobert von Mikusch. Hamburg (Rowohlt) 1951 (rororo. 36)

Thoughts and adventures. London (Butterworth) 1932. – Dt.: Gedanken und Abenteuer. Übers. von Hendrik Guelder. 3. Aufl. Zürich (Amstutz & Herdeg) 1945

Marlborough. His life and times. 4 Bde. London (Harrap) 1933–1938

Great contemporaries. London (Butterworth) 1937. – Dt.: Große

Zeitgenossen. Deutsche Übers., Nachw. u. bibliograph. Anh. von Peter De Mendelssohn. Frankfurt a. M. (Fischer Bücherei) 1959 (Fischer Bücherei. 272)

Step by step. 1936-1939. London (Butterworth) 1939

On human rights. Melbourne (The Henry George Foundation) 1942

United Europe: Newsletters of the United Europe Movement No. 1. London (United Europe Movement) 1946

A united Europe. One way to stop a new war. London (United Europe Movement) 1947

The Second World War. 6 Bde. London (Cassell) 1948-1954 – Bd. 1. The gathering storm. 1948. – Bd. 2. Their finest hour. 1949. – Bd. 3. The Grand Alliance. 1950. – Bd. 4. The hinge of fate. 1951. – Bd. 5. Closing the ring. 1952. – Bd. 6. Triumph and tragedy. 1954. – Dt.: Der Zweite Weltkrieg. Einzig berechtigte Übertr. aus dem Engl. 6 Bde. Bern (Scherz) 1948-1954

The Second World War and an epilogue on the years 1945 to 1957. Abridged, one volume edition. London (Cassell) 1959. – Dt.: Der Zweite Weltkrieg. Mit einem Epilog über die Nachkriegsjahre. Einzig berechtigte Übertr. aus dem Engl. Bern und München (Scherz / Droemer) 1960

Painting as pastime. London (Odhams Benn) 1948

A history of the english-speaking peoples. 4 Bde. London (Cassell) 1956-1958. – Bd. 1. The birth of Britain. 1956. – Bd. 2. The new world. 1956. – Bd. 3. The age of revolution. 1957. – Bd. 4. The great democracies. 1958. – Dt.: Geschichte. Einzig berechtigte Übertr. aus dem Engl. von Peter Stadelmayer. Stuttgart (Scherz & Goverts) 1956-1958. – Kurzausgabe: Aufzeichnungen zur europäischen Geschichte. Bern (Scherz) 1964 (Das moderne Sachbuch. 31)

The collected works of Sir Winston Churchill. Hg: Fredrick Woods. Centenary limited ed. 34 Bde. London (Library of Imperial History) 1973-1976

Der Zweite Weltkrieg. Mit einem Epilog über die Nachkriegsjahre. Bern (Scherz) 1985

Der Zweite Weltkrieg. Ein unvergleichliches Dokument der Zeitgeschichte.
Bern (Scherz) Neuaufl. 1989

Geschichte. Sonderausg. 4 Bde. Augsburg (Weltbild-Verlag) 1990. – Bd. 1.
Vom römischen Weltreich bis zur Entdeckung Amerikas. – Bd. 2. Das
Zeitalter der Renaissance und der Reformation. – Bd. 3. Das Zeitalter
der Revolution. – Bd. 4. Von Napoleon bis Königin Victoria

Marlborough. Gekürzte dt.-sprachige Ausg. 2 Bde. Zürich (Manesse) 1990.
– Bd. 1. Der Weg zum Feldherrn, 1650–1705. – Bd. 2. Der Feldherr
und Staats mann, 1705–1722

Winston S. Churchill, war correspondent, 1895–1900. Hg. Frederick
Woods. London u. a. (Brassey's) 1992

The Churchill war papers. Hg. Martin Gilbert. London 1999

b) 연설집

For free trade. A collection of speeches. London (Humphreys) 1906

For liberalism and free trade. Principal speeches. Dundee (John Leng) 1908

The people's rights. Selected from his Lancashire and other recent speeches.
London (Hodder and Stoughton) 1910

The liberal government and naval policy. A speech. London (Liberal
Publications Department) 1912

Reason and reality. A speech. London (W. Myers) 1920

The alternative to socialism. A speech. London (Harrison and Sons) 1924

India. Speeches and an introduction. London (Butterworth) 1931

Arms and the covenant. Speeches. Hg. Randolph S. Churchill. London
(Harrap) 1938

Into battle. Speeches. Hg. Randolph S. Churchill. London (Cassell) 1941

The unrelenting struggle. War speeches. Hg. Charles Eade. London (Cassell)
1942

The end of the beginning. War speeches 1942. Hg. Charles Eade. London
(Cassell) 1943

Onwards to Victory. War speeches 1943. Hg. Charles Eade. London (Cassell)
1944

The dawn of liberation. War speeches 1944. Hg. Charles Eade. London

(Cassell) 1945

Victory. War speeches 1945. Hg. Charles Eade. London (Cassell) 1946

Secret session speeches. Hg. Charles Eade. London (Cassell) 1946

Reden. Aus dem Engl. übertragen. 7 Bde. Zürich (Europa Verlag) 1946–
1950

The sinews of peace. Post-war speeches. Hg. Randolph S. Churchill.
London (Cassell) 1948

Europe unite. Speeches 1947 and 1948. Hg. Randolph S. Churchill. London
(Cassell) 1950

In the balance. Speeches 1949 and 1950. Hg. Randolph S. Churchill. London
(Cassell) 1951

The war speeches. Hg. Charles Eade. 3 Bde. London (Cassell) 1952

Stemming the tide. Speeches 1951 and 1952. Hg. Randolph S. Churchill.
London (Cassell) 1953

The unwritten alliance. Speeches 1953 to 1959. Hg. Randolph S. Churchill.
London (Cassell) 1961

Winston S. Churchill: His complete speeches, 1897–1963. Hg. Robert
Rhodes James. 8 Bde. New York 1974

Blood, toil, tears, and sweat. Winston Churchill's famous speeches. Hg.
David Cannadine. London (Cassell) 1989

Blut, Schweiß und Tränen. Antrittsrede im Unterhaus nach der Ernennung
zum Premierminister am 13. Mai 1940. Mit einem Essay von Herfried
Münkler. Hamburg (Europäische Verlagsanstalt) 1995

c) 서신 교환

Exchange of letters between the Prime Minister and General de Gaulle con-
cerning the organization, employment and conditions of service of the
French volunteer forces. London, H. M. S. O., 7. August 1940

Letters exchanged between His Majesty the King and the Prime Minister
on the conquest of Sicily. London, H. M. S. O. for War Office, August
1943

Stalin's correspondence with Churchill, Attlee: Roosevelt and Truman,
1941–1945. 2 Bde. London (Lawrence and Wishart) 1958. – Dt.:

Briefwechsel Stalins mit Churchill, Attlee, Roosevelt und Truman, 1941–1945. Übers. von Helmut Trautz. Berlin (Rütten und Loening) 1961

Die Unheilige Allianz. Stalins Briefwechsel mit Churchill 1941–1945. Mit einer Einl. und Erläuterungen zum Text von Manfred Rexin. Reinbek (Rowohlt) 1964

Roosevelt und Churchill. Their secret wartime correspondence. Hg. Francis L. Loewenheim. London (Dutton) 1975

Churchill and Roosevelt. The complete correspondence. Hg. Warren F. Kimball. 3 Bde. Princeton, N. Y. (Princeton University Press) 1984

The Churchill-Eisenhower correspondence, 1953–1955. Hg. Peter G. Boyle. Chapel Hill u. a. (University of North Carolina Press) 1990

Speaking for themselves. The personal letters of Winston and Clementine Churchill. Hg. Mary Soames. London u. a. 1998.

d) 처칠의 명언 모음과 인용문 모음

Mein Bundesgenosse. Aussprüche aus 2 Jahrzehnten. Ill. von engl. und amerikan. Pressezeichnern. Vorwort von Arnold Littmann. Berlin (Nibelungen Verlag) 1944

Maxims and reflections of the Right Hon. Winston S. Churchill. Hg. Colin Coote u.a. London (Eyre and Spottiswoode) 1947

Sir Winston Churchill. A self-portrait constructed from his own sayings and writings. Hg. Colin Coote u. a. London (Eyre and Spottiswoode) 1954

The wit of Winston Churchill. Hg. Geoffrey Williams u.a. London (Parrish) 1954

The wisdom of Winston Churchill. Hg. F. B. Czarnomski. London (Allen and Unwin) 1956

Winston Churchill on Jewish problems. A half-century survey. Hg. Oskar K. Rabinowicz. London (Lincolns-Prager) 1956

The wit and wisdom of Winston Churchill. A treasury of more than 1000 quotations and anecdotes. Hg. James C. Humes. New York (HarperCollins) 1994

The proverbial Winston S. Churchill. An index to proverbs in the works of
Sir Winston Churchill. Hg. Wolfgang Mieder u.a. Westport, Conn. u.a.
(Greenwood Press) 1995

3. 전기와 공적 평가서

Scott, A. McCallum : Winston Spencer Churchill. London 1905

Leech, H. J. : Mr. Winston Churchill, M. P. Manchester 1907

Scott, A. McCallum : Winston Churchill in war and peace. London 1916

Captain X : With Winston Churchill at the front. Glasgow 1924

Roberts, C. E. B. : Winston Churchill. London 1928

Hagberg, Knut : Kings, Churchills and statesmen. A foreigner's view.
London 1929

Germains, H. V. : The tragedy of Winston Churchill. London 1931

Martin, Hugh : Battle. The life story of the Rt. Hon. Winston S. Churchill.
London 1932

《Watchman》: Right Honourable Gentleman. London 1939

Arthur, George C. A. : Concerning Winston S. Churchill. London 1940

Broad, Lewis : Winston Churchill. Man of war. London 1940

Buchan, William : Winston Churchill. London 1940

Kraus, René : Winston Churchill. New York 1940

Sencourt, Robert : Winston Churchill. London 1940

Broad, Lewis : Winston Churchill. London 1941

Chaplin, E. D. W. : Winston Churchill and Harrow. Harrow 1941

Davis, Richard H. : The young Winston Churchill. New York 1941

Guedalla, Philip : Mr. Churchill. A portrait. London 1941

Manning, Paul, und M. Bronner : Mr. England. The life story of Winston
Churchill. Toronto 1941

Moir, Phyllis : I was Winston Churchill's private secretary. New York 1941

Nott, Stanley : The young Churchill. New York 1941

Reade, John C. : Winston Spencer Churchill – man of valor. Toronto 1941

Hawthorn, Hildegard : Long adventure. The story of Winston Churchill.

New York 1942

Kierman, R. H. : Churchill. London 1942

Stratford, Esme W. : Churchill. The making of a hero. London 1942

Burbridge, William F. : The Rt. Hon. Winston Leonard Spencer Churchill. London 1943

Paneth, Philip : The Prime Minister Winston Churchill – as seen by his enemies and friends. London 1943

McCabe, Joseph : Winston Churchill. The man and his creed. London 1944

Chown, J. L. : Life and times of Winston S. Churchill. Wolverhampton 1945

Eden, Guy : Portrait of Churchill. London 1945

Hagberg, Knut : Winston Churchill. Stockholm 1944. – Dt. : Winston Churchill. Stockholm 1945

Thompson, Malcolm : The life and times of Winston Churchill. London 1945

Hilditch, Neville : In praise of Churchill. London 1946

Lehnhoff, Franz : Winston Churchill. Engländer und Europäer. Köln 1949

Hughes, Emrys : Winston Churchill in war and peace. Glasgow 1950

Lockhart, John G. : Winston Churchill. London 1951

Thompson, W. H. : I was Churchill's shadow. London 1951 – Dt. : Churchill und sein Schatten. Im Dienste des englischen Kriegspremiers. Frankfurt a. M. 1952

Taylor, Robert Lewis : Winston Churchill, New York 1952

Thompson, W. H. : Sixty minutes with Winston Churchill. London 1953

Cowles, Virginia : Winston Churchill. The era and the man. London 1953. – Dt. : Winston Churchill. Der Mann und seine Zeit. Wien 1954

Winston Churchill by his contemporaries. Hg. Charles Eade. London 1953

Neilson, Francis : The Churchill legend. New York 1954

Winston Churchill. The greatest figure of our time. An eightieth years tribute. Hg. Bruce S. Ingram. London 1954

Winston Spencer Churchill – servant of Crown and Commonwealth. A tribute by various hands presented to him on his 80th birthday. Hg. James Marchant. London 1954.

Churchill – the man of the century. Hg. Neil Ferrier. London 1955

Marsh, John : The young Winston Churchill. London 1955

Connell, John : Winston Churchill. London 1956

Mendelssohn, Peter De : Churchill. Sein Weg und seine Welt. [Nur] Bd. 1.
　　Freiburg i. Br. 1957. - Bd. 1. Erbe und Abenteuer. Die Jugend Winston
　　Churchills, 1874-1914

Miller, N. Tatlock; Loudon Sainthill : Churchill. The walk with destiny.
　　London 1958

Améry, Jean : Winston S. Churchill. Ein Jahrhundert Zeitgeschichte.
　　Luzern 1965

Carter, V. B. : Winston Churchill. An intimate portrait. New York 1965

Churchill, Randolph S. [ab Bd. 3 : Martin Gilbert] : Winston S. Churchill.
　　8 Bde. [dazu 5 mehrteilige Begleitbände]. London. Bd. 1. Youth. 1874 -
　　1900. 1966. - Bd. 2. Young statesman. 1901 - 1914. 1967. - Bd. 3.
　　1914-16. 1971. - Bd. 4. 1916-22. 1975. - Bd. 5. 1922-39. 1976 -
　　Bd. 6. Finest hour. 1939-41. 1983. - Bd. 7. Road to victory. 1941-45.
　　1986. - Bd. 8. Never despair. 1945 - 65. 1988

Moran, Charles Macmoran Wilson : Churchill. Der Kampf ums Überleben,
　　1940-1965. München u. a. 1967

Deakin, Frederick William Dampier : Churchill, the historian. Zürich 1969

Mason, David : Churchill. New York 1972

Schoenefeld, Maxwell Philip : Sir Winston Churchill. His life and times.
　　Hinsdale, Ill. 1973

Stansky, Peter : Churchill. A profile. New York 1973

Thompson, Reginald William : Generalissimo Churchill. London 1973

Aigner, Dietrich : Winston Churchill. Ruhm und Legende. Göttingen 1974

Longford, Elizabeth H. P. Countess of : Winston Churchill. London 1974

Pelling, Henry : Winston Churchill. London 1974

Pilpel, Robert H. : Churchill in America 1895-1961. An effectionate por-
　　trait. New York 1976

Schneider, Robert W. : Novelist to a generation. The life and thought of
　　Winston Churchill. Bowling Green, Ohio 1976

Weidhorn, Manfred : Sir Winston Churchill. Boston 1979

Gilbert, Martin : Churchill. Garden City, N. Y. 1980

Humes, James C.: Winston Churchill, speaker of the century. New York 1980

Colville, John: The Churchillians. London 1981

Morgan, Ted: Churchill. Young man in a hurry, 1874-1915. New York 1982

Soames, Mary: A Churchill family album. London 1982

Manchester, William: Winston Spencer Churchill. 2 Bde. Boston 1983 – 1988. – Bd. 1. The last lion. Visions of glory, 1874-1932. – Bd. 2. The caged lion, 1932-1940. – Dt.: Winston Churchill. 2 Bde. München 1989-1990. Bd. 1. Der Traum vom Ruhm, 1874-1932. 1989. – Bd. 2. Allein gegen Hitler, 1932-1940. 1990

Brenden, Piers: Churchill. München 1984

Hughes, Emrys: Churchill. Ein Mann in seinem Widerspruch. Kiel 1986

Irving, David: Churchill's war. Bd. 1 ff. Bullsbrook, W. A. 1987 ff. – Bd. 1. The struggle for power. 1987. – Dt.: Churchill. Bd. 1. München 1990. Bd. 1. Kampf um die Macht

Gilbert, Martin: Prophet of truth. Winston S. Churchill, 1922-1939. London 1990

Hough, Richard: Winston and Clementine. The triumph of the Churchills. London 1990

Gilbert, Martin: Churchill. A life. London u. a. 1991

Pearson, John: The private lives of Winston Churchill. New York u. a. 1991

Smith, Ronald A.: Churchill. Images of greatness. London [1991]

Robbins, Keith: Churchill. London u. a. 1992

Charmley, John: Churchill, the end of glory. A political biography. London u.a. 1993 – Dt.: Churchill. Das Ende einer Legende. Berlin u. a. 1995

Ponting, Clive: Churchill. London u.a. 1994

Rose, Norman: Churchill. An unruly life. London u. a. 1994

Sandys, Celia: From Winston with love and kisses. The young Churchill. London u. a. 1994

Browne, Anthony Montague: Long sunset. Memoirs of Winston Churchill's last private secretary. London 1995

Neville, Peter: Winston Churchill. Statesman or opportunist? London 1996

Krockow, Christian von : Churchill. Eine Biographie des 20. Jahrhunderts
Hamburg 1999

4. 개별 사건 서술들

Sitwell, Osbert : The Winstonburg line. London 1919

Keynes, J. M. : The economic consequences of Mr. Churchill. London 1925

Muir, John Ramsay B : Rating reform. An examination of Mr. Churchill's proposals. London 1928

Dawson, Robert M. : Winston Churchill at the Admirality, 1911–1915. Oxford 1940

Kraus, René : The men around Winston Churchill. Philadelphia 1941

Hira Lal Seth : Churchill on India. Lahore 1942

Narayan Gopal Jog : Churchill's blind-spot : India. Bombay 1944

Henderson, Horace W. : The truth about the Churchill-Stalin controversy. Glasgow 1946

Rougier, Louis : Mission secrète à Londres. Les accords Pétain-Churchill. Nouv. éd. rev. et augm. Genf 1946

Dunkirk to Berlin, June 1940–July 1945. A map of the journeys undertaken by the Rt. Hon. Winston Churchill. London 1947

Feis, Herbert : Churchill – Roosevelt – Stalin. Oxford 1957

Higgins, Trumbull : Winston Churchill and the second front. Oxford 1957

Nel, Elizabeth : Mr. Churchill's secretary. London 1958

Rowse, A. L. : The later Churchills. London 1958

Rowse, A. L. : The early Churchills : An English family. London 1959

Broad, LEWIS : The war that Churchill waged. London 1960

Graubard, Stephen R. : Burke, Disraeli and Churchill. The politics of perseverance. Cambridge, Mass. 1961

Irving, David : Accident. The death of General Sikorski. London 1967. – Dt. : Mord aus Staatsräson. Churchill und Sikorski, eine tragische Allianz. Bern u.a. 1969

Thompson, Reginald William : Churchill and the Montgomery myth. New

York 1968

Gretton, Peter: Winston Churchill and the Royal Navy. New York 1969

Wilson, Theodore: The first summit. Roosevelt and Churchill at Placentia Bay, 1941. Boston 1969

Bloncourt, Pauline: An old and a younger leader. Winston Churchill and John Kennedy. London 1970

James, Robert Rhodes: Churchill. A study in failure, 1900–1939. London 1970

Marder, Arthur Jacob: Winston is back: Churchill at the Admirality, 1939–40. London 1972

Schoenfeld, Maxwell Philip: The war ministry of Winston Churchill. Ames 1972

Adé, Annemarie: Winston Churchill und die Palästina-Frage 1917–1948. Zürich 1973

Boadle, Donald Graeme: Winston Churchill and the German question in British foreign policy 1918–1922. The Hague 1973

Lewin, Ronald: Churchill as warlord. New York 1973

Rabinowicz, Oskar K.: Winston Churchill on Jewish problems. Westport, Conn. 1974

Weidhorn, Manfred: Sword and pen. A survey of the writings of Sir Winston Churchill. Albuquerque 1974

Schmidt, Alex P.: Churchills privater Krieg. Intervention und Konterrevolution im russischen Bürgerkrieg, Nov. 1918–März 1920. Zürich 1975

Améry, Julian: What was Winston Churchill's political philosophy? Zürich 1976

Lash, Joseph P.: Roosevelt and Churchill, 1939–1941. The partnership that saved the west. New York 1976

Roskill, Stephen: Churchill and the admirals. London 1977

Smith, Arthur Lee: Churchill's german army. Wartime strategy and cold war politics, 1943–1947. Beverly Hills 1977. – Dt.: Churchills deutsche Armee. Bergisch-Gladbach 1983

Barker, Elisabeth: Churchill and Eden at war. London 1978

Moore, Robin James : Churchill, Cripps, and India, 1939-1945. Oxford u.a.
     1979

Soames, Mary : Clementine Churchill. London 1979

Thompson, Carlos : Die Verleumdung des Winston Churchill. München u.
     a. 1980

Lee, John Michael : The Churchill coalition, 1940-1945. London 1980

Colville, John Rupert : Winston Churchill and his inner circle. New York
     1981

Gilbert, Martin : Churchill's political philosophy. Thankoffering to Britain
     Fund Lectures. Oxford 1981

Pitt, Barrie : Churchill and the generals. London 1981

Kersaudy, François : Churchill and de Gaulle. London 1981

Seldon, Anthony : Churchill's Indian summer, 1951-1955. London 1981

Statesmanship. Essays in honor of Sir Winston Spencer Churchill. Hg.
     Harry V. Jaffa. Durham, N. C. 1981

Prior, Robin : Churchill's 《World crisis》 as history. London 1983

Thompson, Kenneth W. : Winston Churchill's world view. Baton Rouge,
     Louis. 1983

Venkataramani, M. S. : Roosevelt, Gandhi, Churchill. New Delhi 1983

Böttger, Peter : Winston Churchill und die 《Zweite Front》 (1941–1943).
     Frankfurt a. M. 1984

Callahan, Raymond : Churchill. Retreat from Empire. Wilmington 1984

Irving, David : Churchill, 1936–1945. Hamburg 1984

Baciu, Nicolas : Verraten und verkauft. Der tragische Fehler Churchills und
     Roosevelts in Osteuropa. Tübingen 1985

Day, David : Menzies and Churchill at war. London 1986

Morris, Eric : Churchill's private armies. British forces in Europe, 1939-
     1942. London 1986

Schwinge, Erich : Churchill und Roosevelt aus kontinentaleuropäischer
     Sicht. 4. verb. Aufl. Marburg 1986

Addison, Paul : Churchill in British politics, 1940-55. In : The political
     culture of modern Britain. Studies in memory of Stephen Koss. Hg. J. M.
     W. Bean. London 1987, S. 243-261

Holley, Darrell: Churchill's literary allusions. An index to the education of a soldier, statesman and litterateur. Jefferson u. a. 1987

Kitchen, Martin: Winston Churchill and the Soviet Union during the Second World War. In: Historical journal 30 (1987), S. 415-436

Brown, Anthony Cave: The secret servant. The life of Sir Stewart Menzies, Churchill's spymaster. London 1988

The foreign policy of Churchill's peacetime administration, 1951-1955. Hg. John W. Young. Leicester 1988

Miner, Steven Merritt: Between Churchill and Stalin. The Soviet Union, Great Britain, and the origins of the Grand Alliance. Chapel Hill u. a. 1988

Young, John W.: Churchill's bid for peace with Moscow, 1954. In: History 73 (1988), S. 425-448

Dilks, David N.: Churchill as negotiator at Yalta. In: Yalta. Un mito che resiste. Roma (1989), S. 91-115

Morris, Eric: Guerrillas in uniform. Churchill's private armies in the Middle East and the war against Japan, 1940-1945. London 1989

Wellems, Hugo: Das Jahrhundert der Lüge. Von der Reichsgründung bis Pots dam 1871-1945. 2. Aufl. Kiel 1989

Arasa, Daniel: Els catalans de Churchill. Barcelona 1990

Ben-moshe, Tuvia: Winston Churchill and the《second front》. A reapprais-al. In: Journal of modern history 62 (1990), S. 503-537

Jablonsky, David: Churchill, the great game and total war. London 1990

Lukacs, John: The duel. Hitler vs. Churchill: 10 May-31 July 1940. London 1990. – Dt.: Churchill und Hitler. Der Zweikampf, 10. Mai – 31. Juli 1940. Stuttgart 1992

Martin, David: The web of disinformation. Churchill's Yugoslav blunder. San Diego u. a. 1990

Nadeau, Remi: Stalin, Churchill, and Roosevelt divide Europe. New York u.a. 1990

Russell, Douglas S.: The orders, decorations, and medals of Sir Winston Churchill. Hopkinton, New Hampshire 1990

Soames, Mary: Winston Churchill. His life as a painter. A memoir by his daughter. London 1990

Verrier, Antiiony: Assassination in Algiers. Churchill, Roosevelt, de Gaulle, and the murder of Admiral Darlan. New York u. a. 1990

Arasa, Daniel: Los españoles de Churchill. Barcelona 1991

Ben-moshe, Tuvia: Churchill: strategy and history. Hemel Hempstead 1991

Churchill's generals. Hg. John Keegan. London 1991

Edmonds, Robin: The big three. Churchill, Roosevelt and Stalin in peace and war. London 1991. – Dt.: Die großen Drei. Churchill, Roosevelt und Stalin in Frieden und Krieg. Berlin 1992

Jacobsen, M.: Winston Churchill and the third front. In: Journal of strategic studies 14 (1991), S. 337–362

Jefferys, Kevin: The Churchill coalition and wartime politics, 1940-1945. Manchester u.a. 1991

Lamb, Richard: Churchill as war leader-right or wrong? London 1991

Pearson, John: Citadel of the heart. Winston and the Churchill dynasty. London 1991

Quinault, Roland: Churchill and Russia. In: War and Society 9/1 (1991), S. 99-120

Rusbridger, James; Eric Nave: Betrayal at Pearl Harbor. How Churchill lured Roosevelt into war. London 1991

Sfikas, Thanasis D.: 《The people at the top can do these things, which others can't do》. Winston Churchill and the Greeks, 1940-1945. In: Journal of contemporary history 26 (1991), S. 307-332

Wenden, D. J.; K. R. M. Short: Winston S. Churchill – film fan. In: Historical journal of film, radio and television 11 (1991), S. 197–214

Addison, Paul: Churchill on the Home Front, 1900-1955. London 1992

Alldritt, Keith: Churchill the writer. His life as a man of letters. London 1992

Bearse, Ray; Anthony Read: Conspirator. Untold Story of Churchill, Roosevelt and Tyler Kent, Spy. London 1992

Cocks, A. E.: Churchill's secret army, 1939-45. Lewes 1992

Mayer, Frank A.: The opposition years. Winston S. Churchill and the

Conservative Party, 1945–1951. New York u. a. 1992

Weidhorn, Manfred: A harmony of interests. Explorations in the mind of Sir Winston Churchill. Rutherford u. a. 1992

Woods, Frederick: Artillery of words. The writings of Sir Winston Churchill. London 1992

Addison, Paul: Destiny, history and providence. The religion of Winston Churchill. In: Public and private doctrine. Essays in British history presented to Maurice Cowling. Hg. Michael Bentley. Cambridge 1993, S. 236–250

Churchill. Hg. Robert Blake u.a. Oxford u. a. 1993

Delpla, François: Churchill et les Français. Six personnages dans la tourmente 1939–1940. Paris 1993

Lambakis, Steven James: Winston Churchill, architect of peace. A study of statesmanship and the Cold War. Westport, Conn. u. a. 1993

Sainsbury, Keith: Churchill and Roosevelt at war. The war they fought and the peace they hoped to make. Houndmills 1994

David, Saul: Churchill's sacrifice of the Highland Division, France, 1940. London u.a. 1994

Gilbert, Martin: In search of Churchill. A historian's journey. London 1994

Jablonsky, David: Churchill and Hitler. Essays on the political-military direction of total war. Portland 1994

Kilzer, Louis C.: Churchill's deception. The dark secret that destroyed Nazi Germany. New York 1994

Larres, Klaus: Neutralisierung oder Westintegration? Churchill, Adenauer, die USA und der 17. Juni 1953. In: Deutschland Archiv 27 (1994), S. 568–585

Lawlor, Sheila: Churchill and the politics of war, 1940–1941. Cambridge u. a. 1994

Roberts, Andrew: Eminent Churchillians. London 1994

Schmidt, Rainer F.: Der Heß-Flug und das Kabinett Churchill. Hitlers Stellvertreter im Kalkül der britischen Kriegsdiplomatie, Mai – Juni 1941. In: Vierteljahrshefte für Zeitgeschichte 42 (1994), S. 1–38

Schwarz, Hans-Peter: Churchill and Adenauer. Cambridge u. a. [1994]

Snell, Elizabeth: The Churchills. Pioneers and politicians. England-America Canada. Tiverton 1994

Thomas, David A.: Churchill. A member for Woodford. Ilford, Essex 1994

Alldritt, Keith: The greatest of friends. Franklin D. Roosevelt and Winston Churchill, 1941-1945. London 1995

Antunes, José Freire: Roosevelt, Churchill e Salazar. A luta pelos Açores. Alfragide u. a. 1995

Blake, Robert: Winston Churchill as historian. In: Adventures with Britannia. Personalities, politics and culture in Britain. Hg. William Roger Louis. London 1995, S. 41-50

Cavalleri, Giorgio: Ombre sul lago. dal carteggio Churchill-Mussolini all'oro del PCI. Casale Monferrato, AL 1995

Charmley, John: Churchill's grand alliance. The Anglo-American special relationship, 1940-57. London 1995

Danchev, Alex: Waltzing with Winston. Civil-military relations in Britain in the Second World War. In: War in history 2 (1995), S. 202-230

Jackson, Robert: Churchill's moat. The Channel War, 1939-1945. Shrewsbury 1995

Larres, Klaus: Politik der Illusionen. Churchill, Eisenhower und die deutsche Frage. Göttingen 1995

Ramsden, John: Winston Churchill and the leadership of the Conservative Party, 1940-51. In: Contemporary record 9 (1995) S. 99-119

Shogan, Robert: Hard bargain. How FDR twisted Churchill's arm, evaded the law, and changed the role of the American presidency. New York u. a. 1995

Wilson, Thomas: Churchill and the Prof. London 1995

Winston Churchill. Studies in statesmanship. Hg. R. A. C. Parker. London u.a. 1995

Denniston, Robin: Churchill's secret war. Stroud 1996

Pelling, Henry: Churchill's peacetime ministry, 1951-55. Basingstoke 1996

Vogt, Werner: Winston Churchill. Mahnung, Hoffnung und Vision, 1938-1946. Das Churchill-Bild in der Berichterstattung und Kommentierung der Neuen Zürcher Zeitung und die unternehmensgeschichtlichen Hintergründe. Zürich 1996

Waszak, Leon J.: Agreement in principle. The wartime partnership of General Wladyslaw Sikorski and Winston Churchill. New York u. a. 1996

Winston Churchill. Resolution, defiance, magnanimity, good will. Hg. R. CROSBY Kemper III. Columbia u. a. 1996

Young, John W.: Winston Churchill's last campaign. Britain and the Cold War, 1951-5. Oxford 1996

Stafford, David: Churchill and Secret Service. Woodstock, N. Y. 1998

Carlton, David: Churchill and the Soviet Union. Manchester u. a. 2000

Folly, Martin H.: Churchill, Whitehall, and the Soviet Union, 1940-45. Basingstoke 2000

Parker, Robert A. C.: Churchill and appeasement. London u. a. 2000

Stewart, Graham: Burying Caesar. Churchill, Chamberlain and the battle for the Tory party. London 2000

5. 사진과 그림이 있는 전기

Kraus, René: Winston Churchill in the mirror. His life in pictures and story. New York 1944

Tucker, Ben: Winston Churchill. His life in pictures. London 1945

Poy's Churchill. A collection of cartoons by Poy. London 1954

Churchill. His life in photographs. Hg. Randolph S. Churchill u. a. London 1955

Winston Churchill. A cartoon biography. Hg. Fred Urquhart. London 1955

Moorehead, Alan: Churchill. A pictorial biography. London 1960

Winston S. Churchill. Chronik eines glorreichen Lebens. Ein Bildband. Zürich 1966

Gilbert, Martin: Churchill. A photographic portrait. London 1974

찾아보기